主 编 林木森 张鸿娟
分册编著 余大鲲

U0607192

以弱胜强的战争奇观
官渡大决战

广西科学技术出版社

图书在版编目（CIP）数据

以弱胜强的战争奇观：官渡大决战 / 林仁华，张辉灿主编. —南宁：广西科学技术出版社，2012.8（2020.6重印）
（中外战争传奇丛书）
ISBN 978-7-80666-523-7

Ⅰ．①以… Ⅱ．①林… ②张… Ⅲ．①官渡之战—青年读物②官渡之战—少年读物 Ⅳ．① K234.209

中国版本图书馆 CIP 数据核字（2012）第 203439 号

中外战争传奇丛书
以弱胜强的战争奇观
——官渡大决战
林仁华　张辉灿　主编

责任编辑　赖铭洪　　　　　　　**封面设计**　叁壹明道
责任校对　梁　炎　　　　　　　**责任印制**　韦文印

出 版 人　卢培钊
出版发行　广西科学技术出版社
　　　　　（南宁市东葛路 66 号　邮政编码 530023）
印　　刷　永清县晔盛亚胶印有限公司
　　　　　（永清县工业区大良村西部　邮政编码 065600）
开　　本　700mm×950mm　1/16
印　　张　11
字　　数　142千字
版　　次　2012 年 8 月第 1 版
印　　次　2020 年 6 月第 4 次印刷
书　　号　ISBN 978-7-80666-523-7
定　　价　21.80 元

本书如有倒装缺页等问题，请与出版社联系调换。

主 编 的 话

　　国防教育是建设和巩固国防的基础，是增强民族凝聚力、提高全民素质的重要途径，是直接关系到国家安危和民族兴亡的大问题。我们国家对国防教育都很重视。早在抗日战争时期，毛泽东就把"国防教育"列为"实现坚决抗战的办法"之一。新中国成立后，又提出要在全国人民中间深入进行爱国主义教育和国防教育，号召大家"提高警惕，保卫祖国"。改革开放以来，邓小平同志多次强调要加强对公民（特别是青少年）进行国防教育，发扬爱国主义精神和革命英雄主义精神。江泽民同志对新形势下的国防教育有过一系列精辟的论述。他深刻指出："只要国家存在，就有国防，国防教育就要长期进行下去，作为公民的终身教育来抓。"他还强调"越是在和平建设时期，越要宣传国防建设的意义，克服和平麻痹思想，增强人民的国防观念"。

　　2001年4月28日颁布的《中华人民共和国国防教育法》明确规定："学校的国防教育是全民国防教育的基础，是实施素质教育的重要内容"；"小学和初级中学应当将国防教育的内容纳入有关课程，将课堂教学与课外活动相结合，对学生进行国防

ZHONGWAIZHANZHENGCHUANQICONGSHU

教育"；"高等学校应当设置适当的国防教育课程，高级中学和相当于高级中学的学校，应当在有关课程中安排专门的国防教育内容，并可以在学生中开展形式多样的国防教育活动"。

为了贯彻执行《中华人民共和国国防教育法》的规定，配合学校开展国防教育，提高学生的国防观念和素质，我们与广西科学技术出版社合作，特约我国军事科学院的十几位专家，编写了这套《中外战争传奇》丛书，陆续向全国发行。

这套丛书，是根据目前我国初中、高中历史课本和语文课本中提到的若干战争、战役，从中选择了一些对历史进程有重大影响的内容编写而成的。

这套丛书，在编写上有它自己的特色，即立意新颖，构思巧妙，选材精当，内容真实，主题明确，条理清晰，语言通俗，形式独特。每本书都以故事命题，由三四十个故事构成，人物和事件结合在一起，图文并茂，约13万字。每本书在前面都有一个内容提要，使读者一目了然地了解一场战争或一个战役的全貌。

在这套丛书的传奇故事中，主要是记述广大军民为谋求人民解放、民族独立、反抗侵略、保家卫国的光辉事迹。这些事迹中既有统帅、名将的高超谋略、英明决策和指挥艺术，又有广大官兵英勇善战、不怕流血牺牲和积极的献计献策；既有用兵如神、出奇制胜的成功经验，又有一招不慎、满盘皆输的失败教训；既有集中兵力、以众击寡的常规韬略，又有以弱制强、以少胜多的制胜方略；既有屡败屡战、关键一仗取胜而决定战争命运的经验，又有连打胜仗、关键一仗败北而导致全军覆没的教训；既有居安思危、有备无患的经验，又有忘战必危、亡国亡军的教训等。对这些内容丰富、情节生动、事迹感人、引人入胜的传奇故事，作者以生动、形象的描述，通俗的语言，流畅的文笔整理成书，奉献给读者。这对加强全民国防教育，使读者（特别是青少年）增长军事知识，启迪谋略能力，发扬爱国主义精神，增强国防意识和爱军尚武思想，都会有极大的促进作用。

由于我们水平有限，对国防教育的需求了解不足，若有不当之处，敬请读者和专家、学者批评、指正，以利我们在重版时改进。

余大吉

ZHONGWAIZHANZHENGCHUANQICONGSHU

目 录
CONTENTS

引子：诸葛亮、毛泽东都很重视官渡之战的经验

诸葛亮对这场大决战着了迷。

诸葛亮20岁了，务农为生，栖身在汉水以南一个叫隆中的乡间，住在简陋的茅庐中。当年是东汉献帝建安五年（公元200年），他感到冬天出奇的冷，朝窗外望去，只见天色阴霾，纷纷扬扬飘起雪花，快到旧历岁末了。诸葛亮遥望北方，想象着那场刚结束不久的大决战。

这场大决战，叫做官渡之战，是中国历史上著名的战役之一。战争的结局，决定袁绍和曹操两人中由谁来统一中国北方，决定中国历史的走向，当然也会影响胸怀大志的诸葛亮的前途和命运。诸葛亮常常把自己比做春秋战国的政治家、军事家管仲、乐毅，期望将来出将入相，治国安邦，能够像管仲那样一匡天下，像乐毅那样以弱燕征伐大国连连胜利，因此对这场大决战特别上心，力求从时势中悟出一些道理。

茅庐外，晶莹的雪花从小絮变成了鹅毛，渐渐大起来。这是多年少见的大雪，飞舞的雪花从高空快速降下，一齐向那小小的茅庐压了过来。诸葛亮想，曹操作为弱者，面对强大的敌

ZHONGWAIZHANZHENGCHUANQICONGSHU

人，有点像小小的茅庐背负这漫天大雪，当时承受的压力有多大啊！

诸葛亮信步踱出茅庐，寒气扑面袭来，他打了一个哆嗦。凛凛朔风中，只见山披银装，树如素裹，片片雪花，犹如高空玉龙恶战后脱落的败鳞残甲，满天乱飞。他想，这的确是一场恶战啊！

恶战的结果，是强大的袁绍率领八百名骑兵仓皇渡过黄河，丢下八万人在曹军的包围下投降了，富有经验的曹操大获全胜。

雪渐渐停了，远处灰蒙蒙的，世界一片洁白。诸葛亮想，曹操以一敌十竟然赢了，里面有不少好经验值得好好研究，想着想着，不觉回到茅庐中，陷入了深思。

7年以后，诸葛亮早已想清楚了，这时刘备三顾他的茅庐，前来请教如何夺取天下。诸葛亮对刘备说，眼下你势力小，不要紧。当年曹操比起袁绍来，也是名望低微，势力弱小，然而官渡一战以来，终于击破袁绍，转弱为强，主宰了北方。

诸葛亮说："曹操胜利，不仅靠天时，也靠人的努力和善于谋划，如今我为你谋划一番吧。"

随后有了后世称为《隆中对》的那篇著名谈话。谈话中，诸葛亮给刘备制定了一个弱者发展的战略。

过去，刘备不善于谋划，苦斗十七年，屡战屡败，到头来，还是不能成功。后来按照诸葛亮策划的战略去做，只用短短七年，便一展宏图，崛起于大西南，居然同曹操、孙权三分天下。

诸葛亮、刘备隆中谈话以后，过了一千七百多年，在陕北的窑洞里，油灯下，另一位历史伟人也在研究官渡之战，这个人就是毛泽东。

毛泽东长征到达陕北后，过上固定的驻地生活，有条件研究军事问题了。在研究官渡之战时他很快发现官渡之战同红军刚刚结束的五次反围剿战役相近，也是弱者抵抗强者，曹操使用的战略防御原则，同他领导的前三次反围剿战役一样，都是双方强弱不同，弱者先让一步，后发制人，因而取胜的。显然，官渡之战是弱军战胜强军的良好战例，体现了战略防御的原则，值得好好总结。他奋笔疾书，把这些心得写进了那篇经典大作《中国革命战争的战略问题》。

诸葛亮看重官渡之战，毛泽东也看重官渡之战，都从中总结经验，汲取智慧，并指导各自的行动。

官渡之战受到如此重视，究竟是为什么呢？

原来这场战争的主角袁绍和曹操，本是一对忘年之交。他们经过一段浪漫经历以后，双双进入政界、军界，成为政坛上的好友。当时，正赶上东汉帝国瓦解，出现群雄混战的局面，于是两人各自拉起队伍，割据一方，初期还相互支援。经过九年的群雄混战，曹操战胜割据者袁术、张绣、吕布，大体统一了黄河以南地区；袁绍则消灭了幽州割据者公孙瓒，统一了黄河以北的土地。于是在中国北方出现了袁、曹两大集团。现在，袁、曹这两个合作伙伴，在战胜了一个个的敌人后，惊讶地发现彼此成了死对头。

我们这本书里讲述的，便是在中原大地一个叫官渡的地方，袁、曹之间展开的一场惊心动魄的、牵动历史伟人目光的大决战。

1. 袁绍挨了天子批评，
怀疑是曹操策划

一向没人敢惹的冀州牧袁绍，今天挨了批评。

东汉建安元年（公元 196 年）十月，天子从许都派出使者到冀州邺城宣读诏书，责备总管冀州（今河北中南部）军政的袁绍。诏书批评说：

"袁绍你地广兵多，专门树立自己党羽，没听说你派勤王部队来救我天子的大难，你只晓得不听我的命令擅自讨伐别人，扩充个人势力。"

当时是东汉末年，全国群雄混战。袁绍是群雄之一，他积极扩张，不经朝廷批准，派长子袁谭接管青州（位于今山东东北），外甥高干接管并州（今山西等地），所以诏书说他"专门树立自己的党羽"。

诏书批评袁绍不救天子，是说袁绍对天子蒙难无动于衷。那时候，东汉末代皇帝汉献帝刘协被董卓为首的军阀挟持离开京都洛阳，蒙难在外。后来又被另一拨军阀劫持，返回洛阳，临近了袁绍的根据地。袁绍不去解救近在咫尺的献帝，却不经朝廷批准，进攻割据幽州的公孙瓒，企图再占幽州。所以诏书责备他既不勤王，又擅自讨伐。

袁绍挨天子责备这件事，成了轰动性的新闻。之所以轰动，是因为挨批评的袁绍势力强大，家世显赫，没人轻易敢在他"老虎嘴上拔毛"。

袁绍籍贯汝南郡。他家是当地最高级的望族，四代人代代做朝廷顶级官员三公，门生故吏遍天下。结合四代关系，形成不得了的势力。袁家子弟中，袁绍最具威望，背后又有全国最大的私人团体做靠山。

袁绍中年步入政坛，很快参与中枢，左右政局。目前自任冀州牧（该州长官）。

现在，献帝使者宣读了诏书，袁绍在天下人心目中很被动，显得十分狼狈。同时，委屈、愤怒、忌妒，一齐涌上心头。

诏书宣读完，袁绍送走了使者，找左右商议，议定向献帝上奏章解释，挽回舆论，摆脱被动。袁绍指定起草奏章的人，告诉他："我冤枉，给我大声喊冤。"

起草人在奏章开头，以袁绍名义呼天抢地。说古时候，邹衍忠诚蒙冤，哀叹不已，上天五月降霜；杞梁舍生取义战死，妻子悲哭，哭倒城墙。对这些传说，袁绍过去都信以为真，现在才知全是假的。为什么呢？自己目前也处在类似的情况：破家为国，怀抱忠诚遭到怀疑，昼夜长吟，剖肝泣血，同样地哀叹悲哭，却没有出现降霜之类的现象。可见上天同情受冤枉者的传说，是骗人的。

袁绍看了开头表示满意，愤怒地说："我受冤枉，上天却不同情。我杀宦官，救天子，立了大功，豁出全家人的性命。天子调停我和公孙瓒，我也退兵了。我做的够多了，却受责备。"

奏章接着给袁绍评功摆好，列举三件大事：我袁绍奋击凶

ZHONGWAIZHANZHENGCHUANQICONGSHU

顽，杀掉常侍张让等危害国家的宦官。当时太后被押，宫室焚烧，献帝年幼，落在奸宦手里，掌握大权的大将军何进又被宦官杀害。在此危急时刻，我独自率领家兵百余人，杀进宫中，殄灭罪人，挽救了天子，挽救了汉室。这是我效命王室的一个证据。

后来为了救天子，我全家又付出了惨重的代价。董卓图谋不轨，危及天子，我不愿同流合污，弃官出逃，董卓仍然让我做渤海太守，说明我同董卓并没有私仇。我如果跟着董卓，也会有荣华富贵，至少我家不会遭难。但是为了救天子，我兴兵同董卓作对，结果留在洛阳的全家，不分大小，同一天遭到董卓杀害。这是我破家为国的第二个证据。

陛下派人下沼，让我同公孙瓒和解。我便率军南下，脱离接触。这是我服从天子不敢怠慢的第三个证据。

"唔，写得好。"袁绍看了奏章草稿表示同意，"事实都在嘛，谁敢说我没有救天子大难。我看天子下诏书，是背后有人捣鬼，就是曹操。现在曹操是得意啦。"说着，脑海中跳出一位矮个子洋洋得意的样子。

袁绍说的曹操，官居兖州牧。建安元年（公元196年）九月，曹操以武力为后盾，使用计谋把献帝从劫持者手中奉迎到他的根据地许都。献帝获得安定，便下诏书责备在营救活动中没有丝毫贡献的袁绍。尽管献帝无权，他的天子地位却是群雄公认的。

曹操把献帝安顿在自己的根据地，控制了朝廷，从普通割据者一跃成为东汉政府首脑。袁绍认为，诏书上说的，其实是曹操的意思。

袁绍说："不错，我让两个孩子去接管青州和并州，没有得到王命，这是权宜行事嘛。说我擅自讨伐公孙瓒，这是征讨贼人嘛，有什么错的。说穿了，他们是想留着公孙瓒，限制我，跟我捣乱，别做梦了。打公孙瓒这一条，绝对不能让，争的就是这个。对诏书要驳一驳。对曹操，不要点名。"

于是按照袁绍的意思，奏章又写了一段，交给袁绍审阅。袁绍阅后同意，马上叫人誊录，派快马送到许都，呈送献帝。送出奏章，袁绍松了口气，把"球"踢回许都，叫曹操和天子知道，不让打公孙瓒门儿也没有，看他们怎么回答我。

再说袁绍的奏章递到许都，曹操拆开一看，吃了一惊。

只见奏章最后说："春秋时候，晋文王率领诸侯尊崇周天子，获得天子赏赐的彤弓等重礼，我袁绍现在是朝廷高官，岂敢再希求彤弓之类的赏赐。"原来，彤弓即朱红色的弓，是天子向有功诸侯赏赐的物品，等于承认被赏者有权征伐别的诸侯，动武不经过天子批准，也是合法的。这权力可就大了。

曹操笑道："袁绍不打自招，表面说不敢希求彤弓，其实在威胁朝廷，要求赏他，好有征伐权。"

接着看下去，只见奏章又说："秦国的蒙恬、白起尽忠为国，却被皇帝赐死，说不定我也会落得那样的下场。我希望把奏章发到天子身边所有的大臣议一议，如果我权宜行事是错的，那么春秋时候尊王的齐桓公、晋文王也权宜行事，也应该受死刑。"

曹操说："这是暗示朝廷，给他像春秋时候霸主那样权宜行事的特权，今后他爱任命谁当刺史就任命谁。政令不统一，这个国家不就分裂了吗？"

奏章又说："如果认为很多人不征讨贼人是对的，那么杀死君王的赵盾也可以免去罪名了。"

ZHONGWAIZHANZHENGCHUANQICONGSHU

ZHONGWAIZHANZHENGCHUANQICONGSHU

曹操怒道："这是暗示朝廷，默许他征讨公孙瓒。"

他想，袁绍的奏章，一是坚持要打公孙瓒，二是口头说不想，实际上要求朝廷承认他的霸主地位。

曹操带上袁绍的奏章去见献帝，呈上奏章。献帝看出袁绍的态度软中带硬，便征询曹操如何处理。曹操说："陛下，袁绍要求有权打公孙瓒，还要当霸主，不能同意。眼下朝廷全面调整官职，不妨给他个高官，安慰一下。"

献帝同意了。

不久，朝廷全面调整官职，曹操当了大将军，派朝廷使者到邺城宣布，任命袁绍做太尉，封为邺侯。太尉是全国首席军事官员、皇帝的军事顾问，与司徒、司空合称三公。

袁绍对太尉推辞不就。他一向热衷名位，却把送上门的高官推辞掉了。

原来汉代的太尉名义上在大将军之上，实际上先后当上大将军的卫青、霍光、王凤、刘苍、窦宪、何进，其地位都比太尉高。

叫袁绍当太尉，处在大将军曹操之下，无论如何，他不肯。多年来，每次的政治、军事行动，曹操都是他的追随者，他怎么肯屈居曹操之下呢！袁绍坚决不当太尉，以辞官相抗议。使者无奈，回许都复命。

曹操不料袁绍会拒绝当太尉，心里发慌，十分害怕。如果袁绍因为这个跟自己作对，那可麻烦了。万一徐州吕布、淮南袁术、南阳张绣从南面攻，袁绍从北面攻，南北夹攻自己，岂不呜呼哀哉了吗？曹操吓出一身冷汗，这才看清楚袁绍惹不起，满足袁绍的要求才是上策。

曹操向献帝报告，请求把大将军让给袁绍。十一月二十五日，献帝任命曹操为司空，代理车骑将军。司空也是三公之一。曹操当司空，取得三公的地位，带兵打仗就有了"车骑将军"的称号，这是仅次于大将军的军职（图1）。

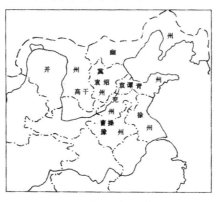

图1　袁、曹对峙图

诏书批评袁绍，袁绍反驳，曹操让出大将军，一连串的动作，是曹操和袁绍首度进行的交锋，两人的矛盾公开化了，但在这之前，他们却是一对密友。

2. 袁、曹本是盟友，后来却分道扬镳

曹操和袁绍本是政坛上的盟友，而早前，还是一对京都游侠。

古时候那些轻生重义、勇于救人急难的人，称作游侠。名门公子袁绍是一名游侠，隐居在京都洛阳，不随便结交宾客，如果不是海内知名人士，他就不肯相见。他跟张邈、何颙、许攸等游侠同声相应，结交为"奔走之友"，常常冒着生命危险，援救遭到当权宦官迫害的同类"党人"，使"党人"脱难，保护了一批正直的人。这时候，曹操从家乡谯县来到洛阳求学，当了太学生，同样的敢作敢为。太学作为东汉的最高学府，开了议政的新风气。曹操15岁的年纪，就曾上书皇帝，替遭受当权宦官迫害的窦武等人说公道话。他也成了一名游侠，成天养鹰弄狗的。这些都很合袁绍的脾胃。袁绍大曹操十几岁，两人结成忘年之交。

这一对游侠政治上敢于担当，生活上却放荡不羁，喜欢恶作剧。有一次，别人家举办婚礼，惊动了曹操和袁绍。这家的亲朋故交，上司下属，都来祝贺，吃酒席。婚礼上，有歌有舞，场面热闹。汉代婚礼讲热闹，没有平时那么多的忌讳，袁、曹

便趁机闹一闹。

婚礼那天，少年曹操带把刀，约了袁绍，翻墙头，进入主人的园子里，摸到青庐外面。青庐是用青布搭建的，是专为迎接新娘举行婚礼的帐幕。只听青庐里人声鼎沸，热闹非凡。曹操猛然扯着嗓门大喊："抓小偷呀，抓小偷呀！"嚷嚷得四下里都听到。宾客们同新娘正在青庐里，听到外面喊叫，宾客一齐拥出青庐，帮主人家捉拿小偷。

曹操 10 来岁，个头小，乘乱闪进青庐，见青庐里只剩下新娘，回头做了个鬼脸，招呼大块头袁绍进来。曹操抽刀，架住新娘，轻声说："不许喊叫，跟我走。"新娘吓得花容失色，不敢做声，被劫持出了青庐。曹操和袁绍架着新娘，翻过墙头，出了园子，慌不择路，深一脚浅一脚地逃走了。那天月色无光，天已漆黑，走不远，迷了路。袁绍掉在后边，闷声闷气地叫了声："哇啊，我走不动了。"

曹操押着新娘回头问："怎么回事？"

袁绍苦着脸说："我闯进酸枣树林出不来了。"

原来主人园外有一大片酸枣树林，袁绍误打误撞，闯了进去。那酸枣树浑身是刺，枣林里面杂生着枳，枳叶子上也长满了刺。袁绍 30 来岁了，一副公子做派，吃不得苦，怕刺疼，在树丛里动弹不得。

曹操知道这里不能多待，眼珠一转，扯着嗓门又大喊："小偷在这里！"喊得远近都听见了。

袁绍吓出一脑门汗，不知哪里来的勇气，"噌"地蹿出了酸枣树林，脸上和胳膊上被刺划破，沁出血来也不觉得痛，跟着曹操一阵猛跑，才脱了险。

上面这一幕，是曹操和袁绍早年友谊的写照。他们借着劫

ZHONGWAIZHANZHENGCHUANQICONGSHU

持新娘闹婚这个插曲，向世人显示，身为游侠，能干普通人干不了的事情。

后来他们先后步入政坛和军界，政治目标一度相同，成了盟友，三次合作，三次成功。

第一次，共同反宦官。那正是东汉末年，利用政治体制的弊端，宦官窃取了朝政大权，政治腐败黑暗到极点，伤害了袁绍这些世家大族和士人的利益，也引起社会公愤。从出身看，袁绍天然地反宦官；曹操则出身宦官后代，照例应该支持宦官才是。可是他不，他痛恨政治腐败，先后做出几件反宦官的惊人举动，赢得袁绍等人的信任。在老皇帝死后的非常时期内，袁、曹都暗中参与了乘机铲除宦官的惊心动魄的谋划。那时，袁绍掌握要害部门，在一次政变中，率部冲入皇宫，杀了宦官2000多人，取得斗争的最后胜利。

第二次，共同反董卓。袁绍出力剿灭宦官，政权却落到带兵进京的凉州军阀董卓的手里。董卓凭着手中的精兵专权，废少帝，另立献帝，引起几乎全部朝官的强烈不满。但是只有袁绍敢于站出来，责问董卓说："天下勇健的人，难道只有你董公吗？"说完，横刀作揖，离开大殿。随后溜出洛阳，到渤海郡避难去了。董卓提拔曹操做骁骑校尉，要曹操帮他的忙。曹操暗地里改名换姓逃出洛阳，潜回家乡。袁、曹怎么肯同董卓合作呢？他们各自招兵买马，准备武力反抗。

初平元年（190年）正月，后将军袁术、冀州牧韩馥等十家州刺史、郡太守同时起兵讨伐董卓，军队各有几万人，公推袁绍当联军盟主，曹操为代奋武将军。

在反董卓的斗争中，曹操和袁绍又站到了一起，袁绍是带头的，曹操充当骨干。他们最先勇敢地站出来反对、压制董卓。

董卓处境狼狈，在内部政变中被杀。袁绍和曹操第二次合作，再次取得成功。

第三次，共同反袁术。群雄讨伐董卓过后，开始割据。袁绍和他的同父异母的弟弟袁术，风云际会，成了两家势力最强的割据者。各自纠集同伙，彼此兼并。当时曹操割据兖州，自任州牧，因为同袁绍联合，遭到袁术方面的攻击。袁术带着朝廷任命的兖州长官金尚，亲自率兵前来，要接管兖州。袁术方面另两股割据势力公孙瓒、陶谦，对兖州也蠢蠢欲动。曹操联合袁绍，合力反击，袁术战败逃走。曹操穷追不舍，袁术节节败退，狼狈地远遁淮南，不久也就衰落了。指向兖州的公孙瓒、陶谦两支部队，也退了兵。袁、曹联合保卫了曹操的割据地，迫使共同的敌人袁术惨败。

袁、曹共同反宦官、反董卓、反袁术，经历了三次大的风浪，始终站到一起，是一个战壕里的战友。

不过，袁、曹的密友形象，只是外界的印象，在知情者那里，却分明感受到两人的外密内疏。

那还是很早以前，因为母亲去世，袁绍与袁术兄弟俩扶棺柩从京都出发，回外地老家安葬。曹操约了好朋友王儁前去送行。不料来到现场，只见黑压压的一片，人头攒动，送行人竟达3万之多。曹操深知袁绍怀有野心，当下惊讶他社会影响力如此之大。曹操指着二袁，悄悄地对王儁说："天下眼看要大乱，作乱的魁首准是这两人。要拯救天下，为百姓请命，不先杀这两人，那大乱就要开始了。"

虽然在随后的日子里，历史把袁、曹推进同一个战壕，但是，袁绍倾向搞分裂，曹操倾向维护统一，两人的政治主张出现过三大分歧。

ZHONGWAIZHANZHENGCHUANQICONGSHU

分歧之一，是要不要另立新的天子。当时，天子是汉献帝刘协，位于西部长安。虽说他是董卓所立，可生米煮成了熟饭，已经被海内接受。再说献帝尽管受制于董卓，但本人幼小，并没有失德的地方，早成了乱世中维持统一的象征。袁绍作为讨董联军的盟主，深恼对献帝鞭长莫及，遂密谋推举新的天子，以便于操控，他看中的是北方一位姓刘的宗室——幽州牧刘虞。这个阴谋如果得逞，中国将并存两个朝廷，彻头彻尾地分裂了。

　　袁绍拉曹操支持他。曹操毫不含糊地对袁绍等人说："诸位一定要称臣于北面，那我就独自朝拜西方。"袁绍派出使者到北方，表示要拥戴刘虞，刘虞不敢接受拥戴，说："别逼我，再逼我，我逃走。"在曹操、刘虞的抵制下，袁绍导演的这出闹剧草草收场，不了了之。

　　分歧之二，是要不要由袁绍做天子。袁绍在乱世中坐大，很想自己当天子，要拉曹操做左膀右臂，并多次进行试探。

　　袁绍得到一枚玉玺，在曹操的坐位上拿给曹操看，暗示将掌握玉玺所代表的最高权力。曹操大笑，说："我不听你的。"袁绍又派人劝曹操，说："现在袁公势盛兵强，两个儿子也长大了，接班后继有人，天下众多英雄，谁能超过袁公呢？"曹操（图2）默然不语，愈加觉得袁绍不正直。

　　分歧之三，是要不要迎接汉献帝。汉献帝摆脱凉州军阀的控制，离开长安，自西向东，返回洛阳，在地域上靠近了袁、曹。袁、曹要不要乘机迎接献帝到自己的割据地呢？袁绍部下建议，迎接献帝到袁绍的邺城，遭到袁绍否决。曹操则机智地把献帝迎接到自己的许县，实际控制了朝廷，自己也一跃而成为东汉政府的首脑。曹操充分利用了献帝这一难得的政治资源，要说什么话，办什么事，都打着天子的旗号，效果果然大不一

图 2 曹操画像

样。当曹操挟天子以令诸侯的时候，袁绍顿时陷入政治被动，后悔不迭，对曹操十分痛恨。

从此，袁、曹政治地位倒置。过去，反宦官、反董卓、反袁术，基本是袁绍定调子、唱主角，曹操是个追随者。自从曹操挟天子以令诸侯之后，曹操在中央，袁绍在地方，曹操发号施令，袁绍接受命令，双方地位对换。袁绍十分气愤，逐渐产生敌意，使袁、曹矛盾一天天加剧。到袁绍坚辞太尉时，两人的矛盾便公开化了。

大风大浪中的盟友袁绍和曹操，从此分道扬镳。

3. 袁绍盛气凌人和怠慢无礼，曹操愁得行动失常

曹操当上东汉政府首脑，袁绍拥有强军而不服，斗争日益复杂尖锐。曹操急需理出以弱胜强的思路，要找一些善于出谋划策的人。为此，加紧网罗谋略人才。

这天，曹操找来主要助手尚书令荀彧，问他："谁能协助你给我出谋划策啊？将来很可能跟袁绍较量，眼下要未雨绸缪，找一批智谋人士。"

荀彧想了想，推荐说："我侄子荀攸，字公达，比我大几岁，是海内的名士，为人虽然老实，肚中却广有智谋。天下大乱，他外出避难，现在流落在荆州。"

曹操脸上一片笑意，马上用天子诏书征调荀攸，又提笔给荀攸写信，请他出任："现在天下大乱，正是智谋人士劳心的时候。"荀攸接到信，欣然北上，途中又接到诏书，任命他为汝南太守，直接上任去了。

曹操又想起戏志才，对荀彧说："你上次推荐的戏志才，很能出主意。自从他去世以后，没有能同我议大事的人了。戏志才是你老乡。你老家汝南、颍川一带奇士很多，有谁能接替戏

志才，你替我想想。"

荀彧说："人是有一位，叫郭嘉，字奉孝，和我一样是颍川人，特别年轻，足智多谋。"

荀彧提到的郭嘉，胸有大志，愿意在乱世中干一番事业，慕名投奔了袁绍。郭嘉到了袁绍那儿，发现他竟然虚有其表。便对袁绍的谋臣辛评、郭图说："袁公只知道效法周公礼贤下士，不知用人的诀窍，多端寡要，好谋无决。想跟他拯救天下、完成霸王大业太难了。"

辛评和郭图两人并不觉悟，郭嘉只身辞别袁绍，风尘仆仆返乡隐居。

荀彧推荐以后，曹操召见郭嘉。郭嘉早了解到曹操的为人和才干，又迎接献帝在许都，觉得曹操前途无限，欣然前来。两人相见，曹操42岁，郭嘉27岁，一壮一青，纵谈天下大事，越谈越投机。谈完了，都兴奋得很。曹操兴奋地说："使我成就大事业的，一定是这个人。"郭嘉说："他真是我的主公。"曹操当即上奏，任命郭嘉为司空军祭酒。

汝南太守荀攸不久升了尚书，负责处理朝中政务，来到许都上任。曹操久闻荀攸大名，急着同他见面。见面以后，曹操哈哈大笑，兴奋地对荀彧、侍中尚书仆射钟繇说："公达不是寻常人，我能同他商议办事，天下事还有什么可愁的!"立马把荀攸转到军队中做事，任命为军师。

曹操引进智囊以后，斗争艺术提高，有利于应付错综复杂的局势。

建安二年（197年）正月，曹操吃了败仗，袁、曹关系紧张起来。

那时，曹操进攻割据南阳的张绣。张绣未经交战，投降了。

ZHONGWAIZHANZHENGCHUANQICONGSHU

ZHONGWAIZHANZHENGCHUANQICONGSHU

投降以后，张绣痛恨曹操娶他寡婶，又疑心曹操收买了自己的部下要加害自己，密谋叛变。

张绣借口调动部队，请求曹操批准他率军全副武装穿过曹营，曹操同意了。于是，他们就大摇大摆地进入了曹营，发起突然袭击。曹操猝不及防，右臂受伤，坐骑"绝影"中流箭，长子曹昂、侄子曹安民遇害。曹操收兵退回许都。

曹操大败的消息传开，袁绍态度越加骄横，给曹操的书信，言辞狂悖而傲慢。

曹操大怒，进来出去，行动反常，大家惊讶莫名，却不敢问他，猜测是在张绣的问题上栽了跟头的缘故。钟繇见着荀彧，问到底怎么回事。荀彧说："张绣的事已经过去了。以曹公的聪明，一定不会老纠缠在过去的事儿上，恐怕有别的考虑。这样吧，我去问一问，也省得大家猜测不安。"

荀彧去见曹操，问："我看您这几天心事重重，什么事儿这么操心啊？"

曹操找出袁绍的来信，交给荀彧说："你看了就知道了。"

荀彧看了信，也不禁生气，说："这袁绍也太不像话。对您，对朝廷采取这样的态度。这是不应该的，是不义。"

曹操说："不错，袁绍是不义。我迟早要率领天子大军征讨不义，可是我的实力同他不相当，你说该怎么办？"

荀彧暗想，曹操这两天坐立不安，担心实力不足，没办法战胜袁绍，今天鼓鼓劲，一定要让他树立必胜信心。不如从怎样看待强弱入手，解开他的心结。

想到这里，荀彧开口说："咱们实力确实不如袁绍，但是实力强弱不等于胜败。不妨看看历史。历史告诉我们，古来干大事业的，有人成功，也有人失败。确实有本事的人，虽然当初弱小，但后来一定变得强大。如果不配夺天下的人，虽然当初强大，但很容易变得弱小。高祖（刘邦）、项羽一存一亡，足以看出这种发展来了。"

曹操说："高祖由弱变强，项羽由强变弱，高祖的才干胜过项羽嘛。"

曹操一点就透，荀彧高兴得一拍巴掌，说："就是这话。如今跟您争天下的就是袁绍了，您的才干胜过袁绍，将来会由弱变强，袁绍会由强变弱的。"

曹操说："不要自吹自擂，袁绍也是人中之龙呢。"

"袁绍有出众的地方，不然形成不了今天的局面，您能把他比下去。说到您和袁绍，我有个四胜四败的说法。"

"可否见告?"

"您有度量、谋略、武德、品德四胜，袁绍有这四败。"

曹操很感兴趣："请说具体一点。"

荀彧说："袁绍外表宽容却气量狭小，用了这个人，又怀疑这人的忠心；您明智豁达，不拘一格，用人注重拿才干衡量，放在合适的位置上，这是度量上胜了袁绍。"

"袁绍遇事迟疑，顾虑重重，缺乏决断，失误在于错过时机；您能决断大事，随机应变，没有死板的框框。这是谋略上胜了袁绍。"

"袁绍带兵过分宽大，松松垮垮，军法军令的权威树立不起来，士兵数量虽然多，其实很难为他所用；您的法令军中闻名，赏罚必行，士兵虽然数量较少，但都前赴后继，在武德上胜了袁绍。"

"袁绍凭借祖上几代的资本，从容地弄巧设诈，来收揽自己的名誉，所以士人当中那些缺少才能的大多投靠了他；您对待部下十分仁爱，能掏心窝子，不搞表面，自己行为谨慎俭朴，赏起有功人员来一点也不吝惜，所以天下忠正效实的士人都愿意给您效力，在品德上就胜了袁绍。"

荀彧喝了口水，接着说："您拿这四胜辅佐天子，扶持正义，进行征伐，谁敢不服从？袁绍单凭强大他能有什么作为！"

一席话听得曹操恍然大悟，举起两臂伸了伸腰，满脸都是笑容。

曹操正在兴奋万分，却见郭嘉走了进来，问："主公什么事这么高兴？"曹操把袁绍的信给郭嘉看了，荀彧也把刚才的谈话说了一遍。郭嘉说："荀彧说得好，事实的确是这样，我还可以做点补充。荀彧有四胜四败，我有十胜十败。"

曹操说："哪有那么多？"

郭嘉说："听我细细地给您说。"

接着，郭嘉说："袁绍繁文缛节，逆朝廷行事；对不法行为过分宽纵，不能整顿；用人表面宽容，实际猜忌，用的都是些身边的亲戚子弟；遇事谋划多决断少，总是落后于形势；凭借上几代人的资本，高谈阔论，博取名声，士人里夸夸其谈、爱做表面文章的人归了他；他见到别人饥寒，又是同情，又是帮助，见不到的，往往就不管不顾，纯属'妇人之仁'；他那里大臣争权，谗言横行；他赞成什么，反对什么，人家摸不透，喜好虚张声势，不懂军事要点。

"至于您，就大不相同。您做事依循自然，遵奉天子，号令天下，尽力纠正汉末法令宽纵的失误，使上下都知道遵奉法令；外表随和简略，内心机智明达；用人不疑，看重才能，适合做什么便叫做什么，不问亲疏远近，计策一得到就实行，又应变无穷；拿真心对待别人，推心置腹，不听颂歌；带头节俭，赏赐有功者毫不吝惜，士人中忠心有远见有真才实学的都愿意为您所用；您对眼前小事，往往忽视，至于大事，接济各地，恩惠所施，都超过人们的期望；凡不是亲眼见到的问题，考虑起来周到细致，没有照顾不到的地方。您按正道领导下面，不听谗言；对所肯定的人和事，依礼提拔宣扬，对有错误的人和事，依法加以纠正；您以少胜多，用兵如神，军人依赖您，敌人害怕您。"

最后，郭嘉说："把上面说的概括起来，您有十胜：一是道胜，二是义胜，三是治胜，四是度胜，五是谋胜，六是德胜，七是仁胜，八是明胜，九是文胜，十是武胜。袁绍这十个方面都不行，是十败。"

曹操笑着说："奉孝，你越说越多了，是不是看我这些天情绪不高，拿话安慰我？小心不要谄媚事主。"

郭嘉说："我说的都是事实。要不我为什么弃了袁绍，投奔您呢？荀彧不也是这样吗？他离开袁绍投奔您这里，比我还早呢。我们两边都呆过，选择主上的时候作过思考。这几胜几败，不过是把过去想的归纳一下，说出来罢了。"

曹操点头，说："你的话不假。袁绍我也熟得很，确实像两位说的，有一大堆毛病。打败袁绍我有了信心。不过，目前双方强弱悬殊，我怎样以弱胜强呢？"

郭嘉说："刚才您同荀彧谈到了高祖和项羽。高祖实力不能同项羽比，您是知道的。高祖没有别的，唯有以智取胜。项羽虽然强大，最终还是被高祖战胜。对付袁绍，也要用这个办法：以智取胜。同袁绍作战的整个过程，从战争准备开始，到打起来以后的防御、相持、反攻，处处智高袁绍一等，那我们就胜定了。袁绍多谋却缺少决断，失败在计策落后于事态的发展。

您得到计策就实行，应变无穷，在谋略上胜过袁绍，以智取胜是能够做到的。"

曹操兴奋地说："好，就这么定了，凭以智取胜，拿下袁绍。时候不早了，大家休息吧。"

曹操明确了以弱胜强的指导思想：学西汉开国皇帝汉高祖刘邦，在作战指导上精心策划，精心指导，在驾驭整个战争的能力上压倒袁绍，夺取最后的胜利。这个指导思想概括起来叫做"以智取胜"。想着这四个字，他放心倒头入睡了。

4. 曹操吐露了藏在内心深处的担忧

第二天，曹操把荀彧、郭嘉找来说："当前的形势是：黄河北有袁绍，南有吕布、袁术、张绣，我夹在中间，好比落在一张大网里，有受包围的感觉。你们说怎么办？"

荀彧说："不错，咱们是处在四战之地。不过不碍事，一来他们还没有真正联合起来，形成包围网；二来可以利用矛盾，各个击破，把这张可能的网撕开。从哪儿撕？从吕布那儿撕。要先打吕布。吕布是大患，不先撕开吕布，很难调转屁股对付袁绍。为了对付黄河以北的袁绍，我们要先拿下黄河以南。"

曹操点头微笑着："说得好。先拿下黄河以南，再跟袁绍较劲，就站稳脚跟了。"

正说着，曹操忽然紧锁眉头："我疑惑而又拿不定主意的是既担心袁绍侵扰关中（陕西中部关中盆地），西乱羌、胡，南诱蜀汉，又担心黄河以南的吕布、袁术、张绣，江南的刘表、孙策等等，对我形成全国性的大包围圈。那时候全国 13 个州，我只能独自凭着兖、豫两个州，抗衡天下六分之五的力量，这该怎么办？"

曹操终于吐露了藏在内心深处的担忧：万一关中和其他地方都被袁绍争取过去，自己极端的孤立，不知该怎么办（图 3）。

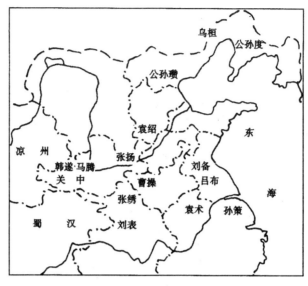

图3　曹操担心出现的大包围圈示意图

　　荀彧说："这是最糟糕的情况。我们连最糟糕的情况都设想到了，有了应付的准备，那就会立于不败之地。照我看，袁绍以外，吕布、袁术、张绣的威胁最直接，我们先拿下黄河以南，就排除了最直接的危险。"

　　曹操说："还有，一想起西北、西南，我总是愁眉不展，担心对我构成包围。"

　　荀彧说："说到西北的羌、胡，西南的蜀汉，也有办法。西北、西南跟我们之间隔着关中。如果解决了关中，即使西北、西南倒向袁绍，也奈何不得咱们，何况他们未必会倒向袁绍。"

　　荀彧又说："那么怎样解决关中呢？关中同别处不一样，分布着大小几十个将帅，没有一个头，小的割据不了一个县，大的只有韩遂、马腾最强，所以关中的特点是割据者众多而分散。一分散，力量就弱，不容易采取行动。他们瞧见黄河南北战争不断，一定各自拥兵自保，不会轻易跟远方的袁绍联合，跟近在咫尺的我们对抗，不会去冒这个险。我们不妨用天子的名义和恩德安抚他们，派天子使节去谈联合。虽然双方不能长期共处，但是，如果您安定了黄河南北，就足以保证让他们按兵不动。关中的事，可以托付给钟繇，他有智谋，托付给他，西方可以不必担忧了。"

听了这一席话，曹操紧锁的眉头解开了。

上面这一幕，是曹操确立了"以智取胜"的战略指导思想以后，同身边谋士讨论对袁绍的战前准备。战前准备影响到双方的主动与被动、顺利与困难、胜利与失败，是十分重要的。讨论以后，繁忙的战前准备工作便展开了。

曹操立刻向天子推荐，由侍中钟繇代理司隶校尉，持代表天子的节统率关中各将，有权不受法律条例的限制，有权根据关中的特殊情况，权宜行事。钟繇上任以后，首先向韩遂、马腾等人做工作，详细说明祸福利害关系，马腾、韩遂被说动，把儿子送到朝廷做人质，表示服从。关中在名义上逐渐归附了朝廷。

曹操见解决关中的计策成功，十分高兴，给钟繇去信说："朝廷没有西顾之忧，是足下的功劳。从前汉高祖打天下的时候，萧何镇守后方关中，足食足兵，也只是同你相当罢了。"这是后话。

再说曹操把钟繇派去主持关中以后，又向袁绍让步，以便稳住袁绍，赢得战前准备的时间。建安二年（197年）三月，曹操奏请献帝同意，派将作大臣孔融为使者，手持代表皇帝的节，出使袁绍。

孔融是位文人，"建安七子"之一，能诗善文，在海内名气很大。孔融接受任务以后，从许都持节北上，走了七八百里，

ZHONGWAIZHANZHENGCHUANQICONGSHU

来到浊漳水畔的邺城。

孔融在邺城举行了隆重的仪式，孔融代表天子宣布，任命袁绍为大将军，赏弓矢节钺，100名虎贲，兼统辖冀、青、幽、并四州。

袁绍大喜。他想，王莽建立新王朝，先得九锡。现在赏自己的弓矢节钺虎贲，在九锡的九种器物里占了三种，是个好兆头。得了虎贲，有征伐权；得了节钺，有诛杀权。这表示朝廷向自己让了步，承认自己有权进攻公孙瓒。袁绍心满意足，高高兴兴北上，打公孙瓒去了。

再说曹操派孔融出使以后，忽报袁术在寿春（今安徽寿县）称帝，设置公卿百官，曹操大怒。曹操以拥汉为标榜，如果不立即打击这种僭越行为，将丧失挟天子的优势。曹操原计划先打吕布，临时改为先东征袁术。曹操大军一到，袁术大败，由此衰落。曹操又接连进攻割据南阳的张绣，缓解许都的肘腋之患。

再说袁绍当上大将军，地位在曹操之上，满足了虚荣心，但是邺城离朝廷远，每次得到献帝的诏书，总觉得对自己不利。建安三年（198年）四月，袁绍找来钜鹿人田丰商议对策，设法控制朝廷，免得老是对自己不利。田丰这人富于韬略，说不定能想出奇谋妙计。

田丰说："我有一计，如此如此，管叫天子也会听我们的。"

袁绍听了大喜，依计派使者前往许都。使者奉命南下，见了曹操，游说道："天子眼下在许都，地势低下潮湿，粮食供应不便。大将军认为，不如迁都到鄄城（今山东鄄城北旧城）。鄄城也是您的领地，交通运输方便，可以获得全部的粮食供应。"原来鄄城在袁、曹的交界处，袁绍伸手可及，便于控制献帝。

曹操一眼看穿对方葫芦里卖的什么药，暗自好笑，说："许都粮食供应不成问题，一动不如一静，不必搬迁了。回去上告大将军，谢谢他的好意。"

　　使者无奈，回去复命。转眼已是五月，袁绍告诉田丰，曹操不上当。田丰着急地说："迁都的计策，既然不能实现，就应当早点进攻许都，奉迎天子，以便打着天子诏令的旗号，号召海内，这是上策。"

　　"不忙，看看再说。"

　　袁绍在讨董期间，便规划了称雄黄河以北的战略，攻击公孙瓒、占领幽州，是这个战略的最后一步。袁绍认为，不能中途放弃，因此不肯采纳田丰的建议。

　　田丰却不这样看，他觉得，曹操的威胁比公孙瓒大，要解决公孙瓒应当先对付曹操。这时候攻曹，曹操前有袁军，后有吕布，腹背受敌，绝对是大好时机。如果拖延下去，一旦曹操灭了吕布，无后顾之忧，就丧失了时机。

　　田丰诚恳地说："现在不动手，我们迟早被人战胜，以后即使后悔也毫无意义了。"

　　袁绍不听，继续对公孙瓒作战。

　　建安三年（198年）九月，曹操进军徐州，发起灭吕布之战。

　　年底，曹操俘虏吕布，绞死了他，取了徐州。曹操据有兖、豫、徐州，加上表示服从的关中，从此发展成横跨四州的大势力。由于袁绍没有及时转变策略，曹操在攻袁术、打张绣、灭吕布的作战中，基本没有受到背后袁绍的威胁，顺利地坐大。

　　现在曹操率先解除吕布、袁术、张绣的后顾之忧，可腾出手来全力对付袁绍，而袁绍却仍被牵制在幽州战场上，无法对

ZHONGWAIZHANZHENGCHUANQICONGSHU

付曹操。

建安四年（199年）春天，袁绍终于攻陷易京，占领幽州。袁绍前后用了九年时间，才实现了既定的据有冀、青、幽、并四州的战略。

袁绍消灭了公孙瓒后越加骄傲，向天子进贡次数少了，礼数也不周，梦想取天子而代之。主簿耿苞看透了袁绍的内心，秘密献上一计："汉朝的赤德衰竭了，轮到黄德。袁家是黄德的后嗣，应该顺从天意做天子。"

袁绍暗喜，把耿苞之计向大将军府将吏公开，放出风声听听反应。不料大家听了，群情愤怒，都说耿苞言论妖妄，大逆不道，绝对该杀。众怒难犯，袁绍十分无奈，忍痛杀了耿苞。

袁绍不能做天子，绊脚石是曹操。他暗想：曹操先借着自己，后借着献帝迅速崛起；以前曹操多次有难，自己救了他，今后不能再救，何况头号敌人已从公孙瓒变为曹操了，要想早称帝，非早灭曹不可。想到两雄不并立，忧劳可以兴国，他一拍大腿，暗下决心：灭曹办得越快越好。他不顾部队没有休整，百姓来不及喘口气，急于挟战胜公孙瓒之威，向曹操动手。

这时候，曹操为了集中力量对付袁绍，抓紧笼络各地的割据者。他表奏天子，任命割据江东的孙策为讨逆将军，并借吴侯跟孙策结成儿女亲家之机，以天子名义征召孙策的弟弟孙权、孙翊来许都，作为变相的人质，让孙策就范。割据荆州的刘表派使者韩嵩前来探听情况，曹操厚待韩嵩，大力争取刘表。又以天子诏书，命令渔阳太守鲜于辅都督幽州，牵制袁绍的后方。曹操忙着做这些事情的时候，另一只眼睛紧盯着袁绍。

5. 袁绍急于攻打黄河以南，官渡上空乌云翻滚

建安四年（199 年）六月，袁绍在邺城召集会议，沮授、审配、逢纪、郭图、田丰、许攸、荀谌、颜良、文丑等人到会，大家跪坐在一起。

袁绍向大家说："我据有大河以北的夙愿实现了，下一步该打到黄河以南，去逐鹿中原。从现在起，曹操就是主要敌人。打公孙瓒得到各位的帮助，这次也请各位贡献宝贵意见。"

说完，扫了全场一眼。大家窃窃私议了一阵，沮授说话了。他是袁绍全军的监军，负责监督出征的将帅，如果将帅空缺，有权直接指挥部队，是袁绍以下最有军权的人。沮授说："我们近来战果颇大，消灭公孙瓒，占领大河以北，横跨四州。下一步当然要进军黄河以南，以曹操为主要敌人。不过，我也有个顾虑。"

袁绍问："什么顾虑呀？"

沮授说："近来打公孙瓒，军队外出作战长达一年，仓库都空了，百姓支援战争，疲劳凋敝，但目前是征赋征役最多的时候，这是非常严重的问题，值得引起深深的忧虑。如果急着进

ZHONGWAIZHANZHENGCHUANQICONGSHU

攻曹操，情况就更严重，是很不利的。"

袁绍问："难道说又以曹操为敌，又不进攻他？"

沮授说："我看不如这样：我们在根据地鼓励发展农业，休养军民。同时，先派个使者去许都，报告战胜公孙瓒，向天子献捷。如果曹操阻挠，下情无法上达天子，就向天子上奏，声讨曹操隔断、封锁我同天子沟通的道路，我们在政治上便争取到主动。"

"军事上，既不影响休养生息，又要积极主动。具体来说，可调大军进驻黎阳（黄河北岸重镇），作为前进的基地，一步步打黄河以南的主意。一是修造更多的船只，增强渡黄河的能力；二是修缮兵器，完善装备；三是分头派出小股精锐骑兵，骚扰曹操边境地区，叫他整天忙于应付。这样做，既让曹方焦头烂额，我方又得到了必要休整，可以坐定天下。"

审配跪直身子，忙说："不可。《孙子兵法》讲，兵力十倍于敌，就包围敌人；五倍于敌，就攻击敌人；兵力同敌人相等，就敢于作战。我们的兵力，远远大于曹操，是可以进攻曹操的。"审配是个正直的人，袁绍把他当做心腹。

郭图望了望袁绍，见他面无表情，知道这人喜怒不形于色，估计审配说的符合袁绍心意，袁绍一定自恃强大，急于进攻曹操，忙对袁绍说："现在是个好时机，凭着明公的神武，动员大河以北的强大军队，来讨伐曹操，目前易如反掌，今天不抓紧攻取，以后说不定就难了。"

沮授缓缓地说："二位的高见，我不敢苟同。为什么呢？大家知道，拯救危乱，诛杀暴徒，叫做义兵；单单依靠兵多势众，叫做骄兵。义兵无敌，骄兵先亡，这是规律。曹操奉迎天子，把皇宫建立在许都。现在我们举兵南下打许都，违背了义。再说庙堂上决胜的策略，并不在谁兵强兵弱。曹操法令已经实行，士兵精锐，经过训练，绝不是公孙瓒丧失行动能力坐以待毙的那种人。”

沮授转头又向袁绍说：“现在放弃绝对安全的做法，兴无名之师，袁公，我为这个主张捏把汗呢。”

郭图等人纷纷抢着说：“不对，不对。武王伐纣，也是向天子动兵，不能说是不义。再说我们大兵并非对着天子，是对着曹操的，怎么能说师出无名呢！何况袁公军队精锐勇敢，将士振作有为，不及时决定灭曹大业，是不对的。老话说‘老天爷给你的你不要，反过来会遭到惩罚’，这是春秋时候越国所以称霸、吴国所以灭亡的原因。监军的计策，过分谨慎了，不利于把握形势，抓住苗头，力求变化。”

大家又七嘴八舌议论了一阵子，等着袁绍拿主意。

袁绍见在座的都讲了话，最后说：“今天大家发表了很好的意见，把问题说透了。我赞成郭图他们的意见，立即行动，准备攻曹。”

袁绍清了清嗓子，接着说：“我集中十万精兵，一万骑兵，各项工作一准备好，就以乘胜之师南下，打到许都去。现在我宣布：审配、逢纪留在邺城统筹军事问题；田丰、荀谌，还有南阳许攸，随军充当谋主，负责出谋划策；颜良、文丑，作为将帅，率领部队杀敌。”

大家齐声说：“遵命。”

袁绍挥了挥手说：“散会。”

高层会议后，袁绍很得意，又有些烦恼，因为沮授的意见与他不一致。

沮授是他的主要助手，广平人，少年时代有大志向，多权

ZHONGWAIZHANZHENGCHUANQICONGSHU

谋，有战略头脑。袁绍任命他为奋武将军，把他当做谋主。九年前，沮授为袁绍制定了夺取全国的计划：第一步，统一黄河以北；第二步，迎接献帝，号令天下。袁绍大喜，大体按照沮授计划实施，果然兼并了黄河以北。

现在，袁绍对沮授一味谨慎不满，在屋内徘徊，只见郭图走了进来。袁绍问："有什么事？"

郭图说："有件大事，不知该不该说。"

袁绍点了点头，催他说出。

郭图大胆地说："我来说沮授的问题。沮授现在主管大将军府内外的军事监察，权力很大，威震三军，对您立即进攻曹操又有保留，这很危险啊。"说到这里，郭图不说了。

袁绍急于听下文，问："怎么不讲了？说下去。"

郭图说："我想，如果沮授个人势力逐渐发展，强盛起来，怎么能控制他呢？臣下势力跟主上有差别，主上才兴旺；臣下作威作福，势力跟主上没差别，那么主上将会灭亡。臣下势力过大这类事，是《黄石公三略》（相传汉张良师傅所著兵书）最忌讳的。再说啦，在外统率部队的人，是不应该过问大将军府中决策的。"

郭图走了以后，袁绍越想越觉得有理，对沮授产生了怀疑。第二天，袁绍宣布，沮授的权力一分为三，命令沮授及郭图、淳于琼三人为都督，各自主管一个军。

沮授帮助袁绍在黄河以北取得成功后，开始丧失信任。从此，沮授由于头脑清醒，在袁绍集团中地位降低，权力减少。

当月，探子来报告曹操说，据可靠消息，袁绍准备进攻许都。许都文武官员也知道了这事，人心有些慌张。大多数曹将觉得，袁绍强大，不可匹敌。曹操连忙耐心做工作，说："我跟袁绍是老朋友，老同事，了解袁绍的为人。他志向大，智慧少；外表严厉，内心胆小；妒忌刻薄，威信不高；兵力虽多，指挥部署不当；将领骄傲，政令不一。土地虽然广，粮食虽然多，但没什么了不起，不过是送给我的礼物罢了。"曹操在大小集会上，不厌其烦地对众将说："袁绍不过是我的一碟小菜。"

文官也信心不足。那时献帝喜好文学，荀彧、荀悦和少府孔融在皇宫中给献帝当侍讲，有时白天晚上在一起谈论文学。孔融瞅空子疑惑地问荀彧："袁绍地广兵强，田丰、许攸是智士，为他出谋；审配、逢纪是忠臣，为他办事；颜良、文丑是勇将，为他统兵恐怕很难战胜袁绍吧！"

荀彧笑着说："文举才高，打仗的事儿不太在行啊。告诉你吧，袁绍兵力虽然多，但法令不严。田丰刚强好犯上，许攸贪婪不能自治，审配专断无谋，逢纪果断而刚愎自用。我可以大胆预言，这几个人，势不相容，一定发生内变。颜良、文丑，不过一夫之勇罢了，一战可以擒获。"

曹操一边消除内部的恐袁情绪，一边加紧临战准备。八月，他北渡黄河，视察北岸黎阳一带地形。命令徐州臧霸率精兵北上，袭扰袁谭青州，钳制袁绍东方的兵力；又命令于禁率两千名步、骑兵留守黄河，防御渡口延津（今河南延津西北至滑县以北的一段）、原武（今河南原阳）一线。臧霸是吕布的将领，投降曹操，曹操让他守徐州。臧霸接到曹操的命令以后，多次攻入青州所属的齐国、北海国（也就是从今天山东南部攻入山东北部），使曹操在东方战线上占据了主动。

九月，曹操离开边境上的黄河，返回许都，马上召开会议，讨论作战问题。

曹操说："战事迫在眉睫。我方力量弱，不挑起战争，而是

ZHONGWAIZHANZHENGCHUANQICONGSHU

后发制人，准备袁军来攻，先把防御战打好。要预见到未来的防御方向在哪里，我看是白马（今河南滑县东二十里）到许都。袁军来攻，这里路最近，又好走，他们当然取道这个方向，我们守在这个方向的兵力主要摆在什么地方最有利呢？想听听诸位的高见。"

众人各抒己见，争论激烈，主要意见是守在官渡（今河南中牟东北）还是守在黄河两种意见。

最后，曹操说："黄河是天然屏障，守在黄河，好处极大。不过，黄河上渡口多，白马津啦，延津啦，杜氏津啦，哪个不守都不行，分兵把口，势必分散兵力。我们那些兵，经得起分散吗？主要守黄河是不行的，守官渡吧！公达刚勘察了官渡，你介绍一下情况。"

荀攸说："官渡，官渡，原本是官家的渡口，位于许都以北一百四十里，在我区中部靠前的位置，条件很是优良。那里的地形是：前面横着官渡水，是天然屏障，东西两边，是更大的障碍地带。东边从官渡到浚仪（今开封）西一线，河堤特多，水流缓慢，河床宽阔，河底淤积着几尺深的厚厚烂泥，不管行船，还是徒步涉河，都极端困难。西边，是湿地，叫圃田泽，大得很。东西 40 多里，南北 200 多里，又细分成'上下二十四浦'。浦水一大，就溢出泽外，漫向北面陆地。袁军大部队如果南下，将遇到官渡东西两边横亘上百里的障碍地带，根本不能通行。只有夹在中间的官渡，形成几十里宽的喇叭口，可以通行。官渡是袁军必经之地。"

曹操说："好，我们集中兵力，以逸待劳，守住这喇叭口。至于黄河，不利用也可惜。我决定，以黄河为第一道防线，派一些兵，迟滞袁军，争取时间；以官渡为第二道，也是主要防线，阻止袁军前进，伺机反攻；以许都等地为后方，全力支援前线。现在宣布命令：东郡太守刘延防御白马；振威将军程昱防御白马右侧之鄄城；河内太守魏种牵制并州之袁军；我亲率主力守官渡；尚书令荀彧留守许都，主持后方一切事务；典农中郎将任峻管理军器和粮运；蔡阳、李通等人分守后方要地，防备黄巾刘辟、龚都、孙策、刘表等人。"

会后，曹操北上，视察官渡。连日来，他把预设战场看了个遍，正午时分，回到官渡驻地，在外漫步。曹操觉得守住官渡，果然理想，唯独地形

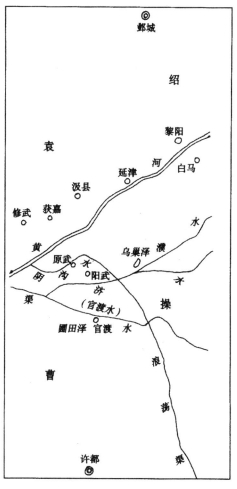

图4　官渡战场形势示意图

一马平川，缺少障碍物，是美中不足。当即传令，调兵前来，大兴土木，构筑阵地，重点建一座官渡城，将来依托它，守住这个喇叭口。

传令完毕，曹操心想战场建设该关注的关注了，只是心情仍然很沉重。思忖间，抬眼望去，只见天边布满乌云，势如奔

ZHONGWAIZHANZHENGCHUANQICONGSHU

马，自北向南压了过来，把太阳遮得死死的。乌云翻滚着，越积越多，天色暗如锅底。几只燕子闪电般贴地掠过。一阵阵狂风扑来，柳树被压弯了腰，粗大雨点骤然而降。曹操的幻觉中，乌云、狂风、雨点都是冲他来的。他朝原野奔跑，纵声狂笑："哈哈哈，来吧袁绍！我在官渡等你，拼个你死我活吧！"

发泄一番后，曹操心中反倒轻松，当月返回许都。

再说，关中众将名义上服从曹操，实际上在袁、曹之间保持中立。他们广泛招募返回本土的流民当兵，人力流向半割据的众将，结果郡县贫弱，众将兵力逐渐强盛。十一月，曹操在关中统制盐政，用售盐赚来的钱，购买犁、牛，供给返回的流民，发展耕种，充实关中。曹操用经济的办法同众将争夺人口占了上风，于是众将日益削弱，官民日渐兴盛，人心逐渐归附曹操。曹操又盛情款待来许都观察形势的凉州从事杨阜，笼络州牧韦端，争取到凉州的支持，关中和西北获得安定。

经过紧张的工作，曹操最担心的大包围圈没有能形成。

曹操眼光远大，军事、政治、外交、经济多管齐下，全面准备，指导正确，战前准备成绩斐然，消除了左、右面之忧，减轻了南面负担，大大改善了防御态势。曹操仍放心不下，年底再次北上官渡。

6. 闯进官渡大帐谋刺曹操的
竟然是贴身卫士

官渡曹操大营。

寒风呼啸，气温骤降，北方寒流袭来，冻得许多人脸上手上生了冻疮。曹操部署并检查战备工作，在大帐中听了汇报，到各处实地察看。官渡的战备进行得较顺利，官渡城修好了，部队在严冬的训练没有停，各项工作似乎井然有序。

官渡表面一切正常的下面，涌动着一股暗流。近来部队中谣言四起，说什么的都有，例如：袁绍马上要打来啦，高官厚禄悬赏曹司空首级啦，后方许都有人要造反啦，天子要把曹司空除掉啦，汝南郡抗赋抗役乱起来啦，曹司空束手无策跑到官渡避难啦……

这股谣言风私下里越刮越盛，与寒流相呼应，说得有鼻子有眼，不由人不信。谣言是内部人散布的，显然有人里通袁绍，但是幕后人隐藏很深，没有暴露，一时没有引起人们足够的重视。

曹操仿佛感到一股寒意，又抓不到什么真凭实据，战备一忙，便全身心投入到工作中去了。他只是指示，要加强警卫。

曹操有两支警卫部队随他行动，一支是校尉典韦领导的数百名亲兵。两年前正月间，典韦在同张绣偷袭曹营的战斗中，为护卫曹操战死。同年七月，曹操建立了另一支警卫部队，由许褚领导的一批虎士组成。

许褚是谯县人，淮、汝一带的豪强。天下大乱，地方不靖，他聚集一群少年和几千家宗族，共同保卫家乡，淮、汝、陈、蔡一带的人都畏惧他。但是许褚仍然感到不安全，随时准备投靠更大的势力。

曹操率兵平定许褚所在的淮、汝地区，许褚带子弟兵前来归附，曹操立刻接见。只见许褚身长八尺有余，腰大十围，是条铁铮铮的汉子。听口音，也是谯县人，跟自己是老乡。曹操兴奋地说："这是我的樊哙。"把许褚引入帐中，让他负责警卫，期望他像樊哙在鸿门宴上保护刘邦那样当好自己的警卫。

许褚自从跟了曹操，心目中只有曹操，对曹操忠心耿耿。他带来的侠士，也都当上了虎士。

虎士中徐他负责贴身警卫曹操，叫做常从士。徐他蓄意谋刺曹操已久，见官渡警卫不如许都严密，便加紧寻找下手的机会。他觉得，最大的障碍是许褚。许褚力大无穷，经常寸步不离曹操左右，有他在现场，这事便不能成功。

这天，徐他打听到许褚轮休，不在曹操身边，十分高兴，决定利用这个机会马上动手。他和同谋一起，衣服里暗藏着匕首，惴惴然进入曹操大帐。

徐他轻手轻脚，走进大帐，劈头撞见一个人。只见这人大高个儿，膀大腰圆，徐他脸色大变，原来此人正是他极力要避开的许褚。徐他想，这下坏了，莫非许褚察觉了我的意图？今天该他休息的呀！

这天确实轮到许褚休息。许褚回到自己帐中，心绪不宁，近来似乎有些异常的现象让他定不下心来。他休息了一小会，便回到大帐曹操身边，他觉得心里踏实多了。

许褚想，目前大战在即，马虎不得，要处处提高警惕。正在思忖间，突然见到徐他等人进入曹操帐中，只见来人脸色忽青忽红，顿时大起疑心："今天不该他们值班呀！"

许褚呵斥道："徐他，没有传令叫进，你们来干什么？"

"我，我，我……"徐他仓促间说话支支吾吾。

许褚更加怀疑，抢步向前，左手虚晃，右拳向徐他打去。徐他冷不防，一拳打个正着。徐他一咬牙，匆匆从怀中取出匕首，朝许褚小腹刺去，打算先刺倒许褚，再迅速向曹操行刺。

曹操心无傍骛，思考战备工作，被这突如其来的一幕吓了一跳，高喊："抓刺客！"

从帐外冲进十来条精壮汉子，只见帐中地下倒着三个卫士。许褚气呼呼的，指着地下三人大骂。原来一眨眼工夫，许褚连续击毙了徐他三人。许褚以一敌三，间不容发，没能留下活口。

曹操向来人说："抬出去埋了。"

刺客没有一个活下来，无法审问，到底谁是幕后主使，永远查不清了。

徐他事件暴露在大战一触即发之际，内外环境分外险恶。敌对势力必欲除掉曹操而后快，不惜采用恐怖手段，曹操的安全顿时成了大问题。

曹操躲过此劫后，对许褚更加看重。许褚对曹操的护卫管理更加严密，曹操走到哪里，他跟到哪里。

白天解决了，晚上怎么办？许褚总不能晚上也不睡觉吧！

曹操灵机一动，对身边伺候他的人讲："我睡觉的时候，不

ZHONGWAIZHANZHENGCHUANQICONGSHU

可妄加接近。一接近，我就会斫人。斫了人，自己也不知道。你们非死即伤，多不值得。在我左右的人，应该深深记住了，千万千万！"此后曹操把这一条挂在嘴上，经常讲。

这天，身边伺候的人见曹操歪在床上休息。大概是太困了，不一会儿，曹操打起了呼噜，呆一会儿又发出梦呓，身上却没有被子，大家都很着急，司空大人冻着怎么办？可是曹操他睡觉的时候禁止别人接近，谁也不敢走近跟前给他盖被子。

有一个人自恃最受宠爱，决定试一试。他拿着被子，轻手轻脚走过去。谁知刚走到床前，被子还来不及放下，便见曹操眼睛微微一睁，忽地跳了起来，手里拿着床边的短刀，圆睁怪眼，挥刀便斫。一刀下去，斫个正着，那人拿着被子倒在血泊中，被斫死。曹操斫完，似乎什么也不知道，又睡了。

左右吓得谁也不敢吭气。打那以后，曹操每回睡觉，左右伺候的人再也不敢接近他。

曹操经常说："不知怎么的，别人心里想害我，我总是心跳。"

有一次，曹操找来很亲近的一位身边人员，偷偷地对他说："我让你替我办一件事，你愿意不愿意？"

那人说："为司空大人效力，当然愿意。"

"好。你怀里揣把利刃，秘密来到我身边，装作要行刺，我那时一定说'心跳'，叫人逮捕你，对你行刑。你只要别说是我指使你干的就行。放心，没有别的危险，我一定重重报答你。"

那人照曹操的话去做，被抓了起来，推到刑场行刑。刽子手举起鬼头刀，那人认为是演戏，一点不害怕。哪料到，手起刀落，血溅刑场，到死那人都不知受了骗。曹操秘密照顾了那人的家庭，对他进行厚报。

行刑以后，左右的人都相信那人要行刺，曹操确实有特异功能。一传十，十传百，曹操俨然成了未卜先知的人。想要谋逆的人都气馁了。

　　自从徐他事件以来，曹操再也没有受到类似事件的骚扰。曹操自身无恙，好消息也随之传来了。

7. 官渡大战在即，曹操却发现 陷入巨大危机

徐州驿马喷着白气，一路风尘跑到官渡大营。驿递员下马呈上紧急文书。曹操接过文书，只见露版上插着羽毛。这是曹操的规定，凡是十万火急，都该插上羽毛；凡插上羽毛的，都按最紧急规格传递。

曹操连忙打开露版，一看文书，原来是刘备、朱灵、路招报喜，报告在下邳打败袁术，迫使他退回淮南。曹操看后大喜。

曹操前一阵派了刘备、朱灵、路招到东方徐州，去阻击袁术，现在他们是来报捷的。

曹操阻击袁术，是为了防止袁绍力量的增强。原来，全国混战的格局近来已明显变化。过去是袁绍、袁术争夺天下。随着曹操的崛起，逐渐演变成主要是袁、曹相争。袁绍、袁术这对昔日的敌人正在靠拢。特别是袁术称帝以后失去人心，势力日益衰弱，最近想率部经过徐州北上，同袁绍联合，把帝号、玉玺让给袁绍。

曹操觉得，真的让二袁合流，对自己极为不利，必须制止这种倾向的发展，不让袁术北上。

派谁去徐州阻击袁术北上呢？曹操想到在许都的刘备，刘备割据过徐州，在徐州广有影响，又是袁术的死对头，一定能够完成任务。建安四年四月，曹操派刘备率曹将朱灵、路招等各带部队，去徐州阻击袁术北上。

刘备当过徐州牧，兵败，丢了徐州，来投靠曹操。曹操高兴地接纳刘备，待以上宾之礼，上表奏请刘备为左将军，同刘备出则同车，坐则同席，还让他当豫州（河南东部和安徽北部）刺史，但是不把豫州真正交给他，只让他挂个空名。刘备素有大志，不得施展，成了关在笼中的鸟。

当曹操派刘备去徐州阻击袁术时，程昱、郭嘉先后来找曹操，都说："不能放刘备带兵离开许都。放他出许都，好比让他龙游大海。"曹操猛醒，特后悔，马上派人追回刘备。刘备早已走远，追不上了。

刘备去徐州前，私底下跟朝中车骑将军董承等人密谋反曹操。到徐州后击退了袁术，袁术吐血而死。刘备胜了，再也不肯返回许都，他准备先拿下徐州，派关羽驻在下邳，自己屯兵沛县，构成掎角之势。十二月，刘备杀了徐州刺史车胄，抢在袁绍前面，树起了反曹旗帜。徐州东海郡屯帅昌豨和多数郡县立即响应刘备，刘备兵力猛增到数万。

现在曹操发觉，刘备原来实行了韬晦之计，在袁、曹大战的前夕，乘机在背后捅自己一刀。将来袁、曹大战爆发后，刘备可能袭取空虚的许都，以宗室身份奉迎天子，从根本上动摇自己。必须当机立断，消灭刘备。

曹操急令刘岱、王忠率部出发，火速奔向徐州，东击刘备。

刘岱、王忠离开官渡不久，曹操便回许都过年，新的一年，是建安五年（200 年）。曹操回许都，过年是名义，真正的目的

ZHONGWAIZHANZHENGCHUANQICONGSHU

是稳定一下朝廷。他一到许都，便嗅出空气异常，联想到官渡谣言、徐他行刺、刘备反叛一系列事件，觉得都不是孤立的，立即下令严密稽查。

经过稽查，终于查出，许都暗藏一股地下反曹势力，为首的是献帝的舅舅、车骑将军董承。董承自称得到献帝的密诏，写在衣带中，要求诛杀曹操。董承串联长水校尉种辑、将军吴子兰、王服等人密谋，暗中吸收刘备为同谋，策划杀曹操。阴谋还来不及实施，刘备便被派往徐州，离开了许都。

董承等人的阴谋，使曹操感到内外反对势力一步步向他逼来。他大怒，下令严惩反曹势力。董承及其同谋被杀，夷灭了三族，唯有刘备漏网在外。

刘岱、王忠奉命攻击刘备，率部来到沛县，过了沛县就进入徐州境内了。刘备驻在沛县，挡住刘岱、王忠进入徐州的道路。

刘备对刘岱说："刘长史，久违了。大家在许都都是好朋友，我劝你们早点回去吧。说实话，派你们前来，奈何我不得，就是曹公亲自前来，胜败还很难说呢！"

刘岱、王忠挥军同刘备交战，不是对手，连徐州也没有进入，大败而回，无奈之下，来见曹操。

曹操正在官渡处理紧急军务，接见了刘岱、王忠。刘岱、王忠报告战败经过，请求处分，曹操挥了挥手，说："你们去，夺回徐州更好，夺不回是因为刘备的势力发展得太快，不怪你们。"

曹操马上召集众将，商议亲征刘备。众将对此举顾虑重重，都不赞成，大家说："跟您争夺天下的，是袁绍。现在袁绍即将发动进攻，您丢下不顾，却到东方去作战。如果这个时候袁绍乘机偷袭许都呢?"

争论的焦点,是曹操东征刘备期间,袁绍会不会动手。解开这个疑团,要拿出智慧。

曹操说:"刘备你们不是不知道,是个人中之杰。今天不打他,一定成为后患。袁绍这人我太熟悉了,虽说有大志向,可是见事迟,遇到大事总是犹犹豫豫的,当断不断。我敢打赌,这期间他一定按兵不动。"

郭嘉拍手说:"曹公说得好。袁绍性子慢,多疑,即使来进攻,行动上也快不了。刘备刚刚参事,部队人心还没有归附他,我军迅速出击,一定能把刘备打个人仰马翻。"

曹操说:"我亲自东征刘备,务必夺回徐州,这也是为了同袁绍作战的需要。这事就定下来了。我马上出发,快去快回。你们放心,不会误了大事。"

正月间,曹操留下众将屯守许都和官渡,自己亲率夏侯渊、张辽、乐进等人远离根据地,在袁绍虎视眈眈之下,前往徐州,东征刘备(图5)。

刘备起事以后,从斥侯情报中了解到,曹操正在紧急备战,判断他腾不出手来对付自己。于是派孙乾北上,去联络袁绍,自己继续驻兵沛县,西拒曹操,关羽继续驻在徐州中部的下邳,照应全州,并同他相互支援,其余兵力都分散到各地占领地盘去了。

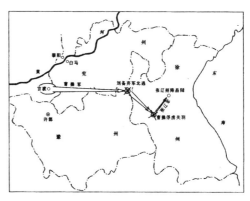

图5 曹操东征刘备图

ZHONGWAIZHANZHENGCHUANQICONGSHU

这天，斥候快马来报告说，发现曹操率部队前来征讨。刘备吓了一跳，不相信是真的，马上带几十名骑兵外出张望。远远望去，果然大队人马正向自己开进，才相信竟然是真的。刘备惊出一身冷汗，部队已分散下去，临时收缩来不及；手头兵少，绝不是曹操的对手，回去集合队伍也来不及了。想到这里，便带着随从，丢下部队逃走了。

刘备看见的曹军先头部队是乐进所部。乐进率兵猛攻，占领沛县。

随后，曹操大军到来。曹操亲自挥军进攻下邳，下邳守将关羽大败。曹操俘虏关羽以及刘备的妻子，收编了刘备的部队。关羽被俘以后，投降了曹操。曹操很喜爱关羽，任命他为偏将军。曹操又令夏侯渊、张辽攻入东海郡，围困昌豨。张辽见昌豨有投降的意思，单身上三公山，来到昌豨家，招降了昌豨。

曹操东征大胜，带着关羽回到官渡，只有刘备漏网。

再说刘备带着随从向北逃去，逃到了青州。青州刺史袁谭是袁绍的长子，率领步兵及骑兵浩浩荡荡前来迎接刘备，并派使者快马报告袁绍。

袁绍大为高兴，忙派将领火速前往青州迎接刘备，负责一路上的接待，又亲自出邺城两百里外恭候。

不久，刘备来到。袁绍同刘备相见，说起反曹，分外投机，从此，袁绍收留了刘备，两人合力对付曹操。刘备投奔袁绍一个来月，失散的部队听说他的下落，逐渐前来归队。刘备收集残部，手里慢慢又有了一些自己的部队。

刘备在袁绍这里等待时机，密切注视袁绍对曹操的一举一动。

8. 袁绍发檄文，揭露曹操
最忌讳的老底

袁绍大将军府占据了邺城最好的房子，府中的议事厅是禁地，不经传唤，任何人不准进入。议事厅大门上有块桃木板，正月初一才挂上去，是驱鬼的。传说所有的鬼都害怕桃木板，见了便躲得远远的。袁绍的小儿子生了病，说是恶鬼作祟，袁绍便张罗在重要的地方，包括议事厅，都挂上桃木板驱鬼。

还没有过完正月，各处还沉浸在喜气洋洋的气氛中，这时议事厅里传来高声争辩的声音，听得出又是老倔头田丰在提高嗓门的声音。

原来袁绍方面得到报告说，左将军刘备杀了徐州刺史车胄，占据小沛，背叛曹操。曹操害怕，亲自率军东征刘备。田丰马上拄着拐杖，喜气洋洋地走来，求见袁绍，一见面，就要求袁绍紧急调集全军，偷袭许都。

田丰对袁绍说："跟您争夺天下的，不是别人，是曹操。曹操现在东击刘备，大军交战，不可能快速解决问题。曹操后方许都暴露。我全军紧急前去偷袭，定能一战而定大业。发动战争要选择时机，现在是天赐良机。"

袁绍两眼红丝，支支吾吾地对田丰说："孩子病了，你看我忙得要命。"又指着门上的桃符说："张罗这些，我连觉都没有睡好。这样吧，我再考虑考虑。"他对突发事件缺乏心理准备，犹豫不决，决定暂缓行动。

田丰劝说了好长时间，袁绍坚持不肯。田丰抗争，袁绍不听，田丰举起拐杖，连连戳着议事厅地面，绝望地大声喊道："嗨，大事完了，完了！这是千载难逢的机遇，因为娃娃的病而丧失机会可惜啊，太可惜啦！"

田丰的大嗓门，吼得厅外都听到了。众人不知发生了什么事，可是没有命令，谁也不敢进去。

袁绍看田丰失态，非常生气，田丰也恨恨地离开议事厅，从此两人疏远了。

袁绍拒绝田丰的建议后不久，曹操击败刘备。正月底，曹操回军官渡。

袁绍这时回过味来，召集会议，说："今天把大家找来，是要商议进攻许都。这事去年六月就定下来了，准备了半年。现在年也过了，刘备也来了，我们力量更强，该出发攻击曹操了。怎样进攻，请大家发表意见。"

话音刚落，田丰第一个出来讲话。他说："今天，我来泼一泼冷水，劝袁公别急着进攻许都。"

袁绍说："符皓，攻曹已经决定，别讲反对的意见了。"

田丰说："不，要讲。"

袁绍说："半个月前，你不是建议进攻许都的吗？"

田丰说："那时许都空虚。现在，曹操打败左将军刘备，回军官渡，许都不再空虚。曹操善于用兵，变化无穷，军队虽然比较少，但是不可轻视。现在打他，时机不好。"

袁绍说："难道坐视曹操，由他发展？"

田丰说："不如跟曹操持久相持。大将军您依仗五行山和黄河天险，拥有冀、青、幽、并四州的军队，对外广交英雄，对内抓紧农业和战备，然后挑选军中精锐，分成几股奇兵，瞄准曹方薄弱地区，轮番出战，扰乱黄河以南。曹操救右翼，就攻击他左翼，救左翼，就攻击他右翼，使对方疲于奔命，不得安居乐业，我方还没有疲劳，对方已经疲困，用不了三年，可以安坐战胜曹操。"

袁绍说："你这个办法太慢，我等不及。不要再说了。"

田丰今天铁了心强谏，大叫："现在放弃庙堂上稳操胜券的策略，去在一战中决成败，这算盘是怎么打的？"

袁绍说："田丰，你再嚷嚷就是动摇军心，我不客气了。"

田丰的牛劲上来，充耳不闻，继续说："如果这一仗不能实现企图，袁公，后悔也来不及啦。"

袁绍坚决不听，田丰犯颜强谏。袁绍忍无可忍，朝厅外喊："来人。"

随着喊声，进来几条强壮汉子，都是卫士。袁绍吩咐："把田丰铐起来，送到牢里去，等我战胜曹操回来，再审问他。"卫士围拢来，用镣铐硬把田丰铐起来，推出厅外，送到牢中拘禁去了。

袁绍对大家说："大军出发在即，田丰百般阻挠。我是怕他继续嚷嚷，瓦解了军心。铐他，也是没有办法的事。大家还是有什么说什么，接着议。"

铐了田丰以后，气氛破坏了。沮授看到，袁绍根本听不进不同意见，说了没用，有话也不说了。会议草草议了一下，决定马上进军，便散了。

袁绍听不进田丰的意见，是因为袁、曹双方实力对比悬殊。

这时候，曹操处于劣势，兵力估计只有数万，远远少于袁绍。装备也落后，大铠只有二十领，马铠不足十具，同袁绍没法相提并论。曹操据有黄河以南兖、豫、徐三州和归附的关中，这些地方，饱受战乱摧残，只剩下十分之一的户口，景象凄惨，"白骨露于野，千里无鸡鸣"，"出门无所见，白骨蔽平原"，是个重灾区。曹占区的侧后分布着一些割据者，如刘表、孙策、张绣，同曹操不一条心，正在观风望色，可能成为战争中的隐患。

袁绍就不同了，他拥有兵力极多，估计为十几万或者二十几万，其中精兵约有十万，骑兵多，而且精锐，有铠甲万领，马铠三百具，拥有黄河以北冀、青、幽、并四州，地广粮多。单拿冀州说，粮食可支撑十年，要是按照户籍征兵，可以征到三十万兵。同北边的少数民族乌桓、鲜卑关系和睦，对南作战没有后顾之忧。

袁绍占有如此大的优势，当然不肯听田丰的。

会后，袁绍命令冀、青、幽、并四州分头出兵，在黎阳会合。又把广陵人陈琳找来，请他起草檄文，列举和声讨曹操的罪恶，做到师出有名。

陈琳字孔章，是袁绍的笔杆子，接受任务以后，埋头构思，很快写出檄文。袁绍看了十分满意，发了出去。

建安五年（200 年）二月初，全国各州郡接到袁绍发来的檄文。

只见檄文说，大臣袁绍要发动讨曹战争，为国除大害。檄文历数曹操罪恶，说他"爵赏由心，刑戮在口"，是"贪残虐烈无道之臣"，悬赏他的首级。最后号召大家行动起来，说现在正是忠臣烈士肝脑涂地和立功报国的好时机。

檄文指责曹操专权，赏谁罚谁他说了算，不容献帝做主，这也是实情。局面是曹操开创的，不是从献帝那里继承的，自然曹操说了算。说曹操"贪残虐烈"，其实是因为曹操打击某些大族，引起反对，受打击者觉得曹操"贪残虐烈"。袁绍一向包庇、纵容大族，当然要替他们说话。

檄文大骂曹操祖宗三代。先骂曹操祖父曹腾，说他是大宦官，干尽坏事，贪财贪色，损伤风化，虐待百姓。曹腾的确是个大宦官，历事四位皇帝，形成很大的权力，不过，在最黑暗的宦官专政时期，算是稍好一点的。

又骂曹操父亲曹嵩，斥他为"赘阉"。曹嵩家里穷，被生身父亲抵押给阉人（宦官）曹腾，因生父无力赎回，做了阉人养子，所以斥为"赘阉"。接着骂曹嵩当了养子，阔气了，用车子装运黄金玉璧，送给权贵，窃取三公高位，倾覆汉室。

最后骂曹操，指责他是遗丑，不过是曹嵩这个"赘阉"遗留下来的丑类和孽种罢了。

檄文这样对曹操三代人进行人身攻击，触痛了曹操最忌讳的老底。曹操出身宦官家庭，出身低贱，谈不上门第，被人瞧不起。曹操祖父曹腾阉割当宦官，父亲曹嵩被抵押当阉人养子，都是极为"低贱"的身份。曹操由于社会地位不光彩而蒙羞，抬不起头，不愿意人家知道底细。

后来，曹操和子孙都发达了，努力掩盖这一真实的出身。曹操作《家传》，说自己是"曹叔振铎之后"，就是说，是周天子叔叔曹振铎的后代。这当然是很光彩的。曹操的儿子曹植，说自家祖先是汉丞相曹参。曹操孙子魏明帝曹睿，又说自家祖先是舜帝。曹操和后人一再说，他们拥有伟大光荣的祖先，正

ZHONGWAIZHANZHENGCHUANQICONGSHU

好说明他忌讳真正的出身。

袁绍偏是哪壶不开提哪壶，抓住曹操的"忌讳"不放，大揭曹操老底，把曹操的"丑"在天下人面前大曝其光，弄得人人皆知。

曹操让人骂惯了，苦笑着安慰自己："骂是骂不倒的，命运如何，还得战场上才见分晓。"

9. 曹操、荀攸要当袁军的"参谋长"

　　汉献帝建安五年（200年）二月，积雪融化了，雪水滋润着黑土地。袁绍亲自率领大军离开邺城，浩浩荡荡南下。二月是旧历，实际上是阳历的阳春三月了，立春、雨水早过，正是惊蛰、春分季节。这时候，袁绍所辖冀、青、幽、并四州抽调的兵力也分别开往前线，10万大军，1万骑兵，云集黎阳。

　　袁、曹官渡之战爆发了。

　　黎阳位于今天河南浚县，是东汉的军事重镇，南依黄河。今天我们如果去浚县，只能看到卫河，找不到黄河，那是因为黄河改了道。1800年前官渡之战的时候，黄河还没有改道，它从黎阳西南方向奔腾而来，流过渡口延津，再过百里，流经黎阳南面，向东流去。黎阳有黄河渡口，北岸是黎阳，南岸是白马津。从白马津朝南走，不出十里，便到白马城，是曹操东郡政府所在地。

　　袁绍来到黎阳以后，命令郭图、淳于琼和大将颜良率部首先渡过黄河，攻击南岸白马城，掩护袁绍主力渡过黄河。郭图、淳于琼指挥人马从黎阳渡过了黄河，在南岸，遇到白马守将刘延的小股阻击部队。颜良大笑说："我料刘延一定望风逃窜。"

话音刚落，斥候来报告，刘延正在组织守城。颜良大怒，与郭图、淳于琼挥军杀来，把白马城团团围住。郭图、淳于琼、颜良三个人当中，郭图喜爱谋略；淳于琼爱摆老资格，吹当年那段历史：汉灵帝设立西园八校尉，袁绍是中军校尉，曹操是典军校尉，他是左校尉；颜良则最爱厮杀。

当颜良等人渡黄河的时候，曹操的东郡太守刘延召集部队，进行动员。刘延说："咱们守住白马，袁军主力就不敢放胆向官渡前进，可以为后方迎战赢得时间。来打咱们的三个将领当中，郭图、淳于琼没有真本事。那个颜良，荀尚书说过，他不过是一勇之夫罢了。我们不要怕他们。"

颜良等人包围白马，展开猛攻。刘延据城坚守。颜良等人久攻不下。颜良十分暴躁，向将士找碴儿出气。将士们敢怒不敢言。

前方刘延坚守白马，后方曹操在官渡紧张备战。经过一个来月，已经是四月，官渡天气热起来，繁花似锦，绿树成荫，曹操前后方全面应付大战的部署，已经基本就绪。

这天，曹操召集众将，对大家说："白马被围以来，大家积极求战，我没答应，因为有备战工作要部署，也要摸一摸袁军的底。现在，备战工作完成，袁军的底也摸到了，我们更加有胜利的信心。白马的坚守说明，尽管我军兵力较少，但是依托城池，完全可以抵挡袁军的攻势。白马能坚守，将来官渡更能坚守。现在，到了解救白马的时候了，马上出发，我带队。大家奋勇作战，解除白马之围，救出城中人马和百姓。"

曹操点张辽、乐进、徐晃、关羽、史涣等人随他率部出发，又令军师荀攸随行。

荀攸分析了解围作战形势，认为双方兵力悬殊，是解围的最大困难。他对曹操一针见血地说："我解围军兵少，打野战敌不过攻城袁军。"

曹操默然不语，荀攸说出了他最担心的事。荀攸见曹操同意他的判断，说："解围作战要成功，必须分散攻城袁军兵力。"

"你有什么办法能叫袁军听你指挥？"

荀攸神秘地一笑，小声说："白马离我们远，延津离我们近。我解围军不要直奔白马，先去延津，做出北渡黄河、袭击黎阳的假动作。袁绍害怕黎阳有失，一定从攻城袁军中分兵西救延津。然后我军主力不渡延津，轻装前进，袭击攻城袁军。那时候攻城袁军由于分散而减少，双方兵力不再悬殊，活捉颜良也不是什么难事。"

曹操拍手大笑，说："我看袁绍肯定听你调遣，被牵着鼻子走。"

曹操这人，博览群书，特别喜好兵法。他抄录各家兵法精华，编成一个集子，题名《接要》，又给《孙子兵法》作注。《孙子兵法》注本，多如牛毛。比曹操早的注，注得繁琐，都亡佚了，只有曹操的注是最权威的，流传至今。曹操既有丰富的军事实践，又深通军事理论，荀攸有好建议，他马上能领悟并采纳，不像袁绍。下文将看到，袁绍又把许多好建议给"枪毙"了。

曹操依荀攸之计而行，率军直奔延津。到达延津，马上征集船只，先一部分渡河。

袁绍在黎阳正跟沮授商议军情，斥候报告说："延津南岸发现大部队，经过侦察，是曹操亲自率领部队前来，正在延津征集船只，一部分已经在抢渡黄河。"

袁绍大吃一惊。他原本估计，曹操会来解白马之围。来了

ZHONGWAIZHANZHENGCHUANQICONGSHU

也不怕，反正白马攻城军兵力众多。不料曹操竟然置白马于不顾，企图从延津渡河，显然是想迂回攻击黎阳。黎阳是大本营，如果有失，影响全军。情况紧急，必须立即增援，确保万无一失。

袁绍急令白马攻城袁军分兵，留下颜良继续攻白马，其余郭图、淳于琼立即率部从白马津北渡黄河，向西奔赴延津，阻止曹军渡河及前进，以确保黎阳大本营的安全。

沮授听到袁绍只留颜良攻白马，忙说："颜良性情急躁，狭隘，虽然骁勇，也不要让他独自担当围攻重任。"

沮授曾任全军的监军，对各将领的脾气及优、缺点摸得比较透，在关键时刻提出了重要建议。

袁绍说："颜良是我爱将，攻一个小小白马还不行吗？"不听沮授的。

再说郭图、淳于琼、颜良正在攻城，突然接到袁绍命令，要郭图、淳于琼立即返回北岸，去延津阻击曹操。两人不敢怠慢，马上带领人马渡回北岸，救延津去了。白马这里，只剩下颜良单独攻城，兵力大大分散。

白马袁军分散兵力的消息，迅速传到曹操那里。曹操大笑说："哈哈，袁绍上了咱们军师的当。"立即下令，部队停止渡河，扔下辎重，轻装前进，从延津兼程奔袭白马。

在曹操的"指挥"下，黄河两岸气氛紧张，袁、曹军队东西对进。北岸，郭图、淳于琼朝着西方延津急进；南岸，延津曹军朝着东方白马急进（图6）。

汉代常规行军速度，根据《汉书·陈汤传》中的记载是这样的：兵士不穿甲胄，不带辎重，轻装前进，每天走五十里；穿着甲胄，带着辎重，重装前进，每天走三十里。曹操认为，

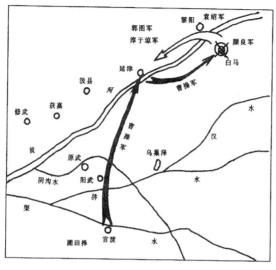

图6　白马之战示意图

打白马必须打他个出其不意，要求迅速地接近白马。必须采用最快的急行军速度。急行军速度有多快呢？看关于夏侯渊的歌谣就知道了。夏侯渊是曹操手下名将，最善于机动。军队里有个歌谣唱道："典军校尉夏侯渊，三日五百，六日一千。"说夏侯渊急行军速度快，三天走上五百里，六天走上一千里，折合每天能走一百六十里。从延津到白马，不到二百里路程，曹操用急行军，一天多到达。曹操解围军迅速接近白马。

曹操、荀攸调动袁军的方法，在《孙子兵法》里叫做"远而示之近"。就是用攻击近处延津的假动作，掩盖攻击远处白马的真实意图，引诱袁绍上当。袁绍要正确判断，很难。当曹操佯装渡河的时候，他要打哪里，只有他自己知道，袁绍猜不出，摸不到，被假动作引诱上当也不奇怪。

当曹操向白马急行军的时候，全部袁军的注意力都被吸引到延津。颜良在白马，听说曹操去了延津，放下心，根本没有意识到在白马会遭受突然袭击，没有加强戒备，等到曹操解围

57

军离白马 10 里，颜良才发现，但为时已晚，来不及组织有效抵抗。

曹操、荀攸当了一回袁军的"参谋长"，"指挥"调动袁军分兵，减弱围攻白马之敌，为解围创造了有利条件。曹操"以智取胜"的战略指导思想，在第一仗中就取得了成功。

10. 关羽在万军中斩颜良，
美名威震数百年

曹军赶到白马，在颜良军对面遥遥安营。曹操找众将商议解围，张辽、徐晃、关羽等都跃跃欲试，争当先锋。曹操很高兴，要选勇将做先锋，务求必胜。于是命令：张辽、关羽担任先锋，负责冲阵。

那时陆上两军交战，分为城战和野战。颜良攻白马，有城池障碍物，是城战；曹军即将攻颜良，没有城池障碍物，是野战。野战的时候，没有城池依托，在开阔地上交战，所依托的是自己布成的阵。

片刻后，曹营中鼓声大作，鼓点擂得特急，犹如万马奔腾。伴随着鼓声，曹军步兵及骑兵全部穿上战衣。原来这第一通鼓，是命令部队进入警备状态。接着第二通鼓响起，只见骑兵上马，步兵结屯。第三通鼓响起，步兵和骑兵按次序出营，随着旗幡指示的方向前进。不出营的部队留在营中结屯，屯驻在旗幡的后面。

接着，曹军中又响起了紧急的鼓音，部队开始布阵。斥侯首先视察地形，根据地形的广狭，确定阵地四角的方向和位置，在各方向位置上立"表"，也就是竖立起旌旗等高大明显的标志物，用来标明各部队的阵位。

斥侯立表以后，曹军响起布阵号令。各部队听到号令，纷纷进入"表"所标明的各自的位置。这时，曹军调动频繁，只听见鼓响，听不见人声。只见曹军在多次鼓声中，经过调动，布成疏密相间的队形，阵已经布好了。

阵布好以后，平原上好像突然冒出一座不可撼动的山岳。张辽、关羽两将的部队，布在阵首，整个阵中安静坚重，静听指挥号令。

曹操进入阵的中心，对全阵进行简短的战前动员。他说："我们要同袁军打一场大战，今天第一仗，打好打坏最要紧。袁军人马被咱们调到了延津，这里只剩下颜良孤军。我们突然到来，要在白马打颜良一个措手不及。今天一定要打胜，速战速决，谁如果取了颜良的首级，就封侯。"

再说颜良正在围攻白马，对部将说："郭图、淳于琼走了也好，咱们独自立功。你们加紧攻城，攻下来叫主公看看咱们的实力。"

正在洋洋得意，突然接到斥侯报告，说发现曹操大军了，正在朝着白马前进，离这里只有十里了。颜良几乎不相信自己的耳朵，对斥侯说："再探，一定要弄清是不是曹操亲自来。"

颜良立即把围攻的部队撤了下来，只留小部分监视白马。斥侯又到，报告说确实是曹操亲自前来，大军马上到达。颜良大惊，急忙下令，把部队调到曹操来的方向。这时候，曹军已经到达，建立了军营。

颜良部队的士兵连饭也来不及吃，便匆匆忙忙把围城计划改为野战部署。颜良下达一系列命令，击鼓布阵。阵还来不及布好，那边曹操发起了进攻。

只见前方马翻银蹄，尘蔽旭日，一批人马冲了过来。原来是曹军先锋张辽率领的骑兵冲来了。张辽挥军向颜良的布阵冲来，一直冲到颜良阵首，双方白刃相交，响起一片金属撞击的声音。张辽军少，厮杀一番，调转战马，退回本阵。

颜良的阵本来就没有布好，经这一冲，更加混乱。原来颜良心胸狭隘，独断专行，官兵关系十分紧张。这回他措手不及，下面幸灾乐祸，不肯老实听话。张辽冲阵后，阵中议论纷纷，乱糟糟的，什么难听的话都出来了，连颜良下令都听不清或者不愿意听清。颜良发急，要杀阵中人，还来不及杀，曹军冲阵的又来了。

曹军第一冲，冲不动，接着组织第二冲。

曹军阵首，另一位先锋关羽正在待命。曹操一声号令，关羽放出本部人马，犹如出笼猛虎，向颜良的布阵冲去。曹操本阵按兵不动，等待关羽得手。

关羽手持长矛，冲在前面。颜良阵中放箭，脱弦的箭密密麻麻地飞来，关羽用矛一一拨开。

关羽远远望见大将麾盖，知道是颜良所在。原来战场上，将帅身边有旗帜跟随。旗帜是将帅在战场上指挥部队的工具，也是将帅的标志和仪仗，旗帜的顶部叫麾盖。各级将帅的旗帜包括麾盖，大小和制式不一样。关羽远远望去，发现有大将麾盖，便知道麾盖下面的将领必是颜良。

关羽心想，擒贼先擒王，朝着颜良的麾盖冲去。颜良的布阵如波开浪分，被冲出个大缺口。那颜良正在阵的中心，守在指挥位置上。关羽策马冲到，大喊一声。

颜良正在因为阵中不听指挥而发怒，不料关羽策马冲到。

ZHONGWAIZHANZHENGCHUANQICONGSHU

关羽用矛刺去，刺杀颜良于万众之中。关羽忽地下马，取出身佩短刀，斩下颜良首级，翻身上马，把首级挂在马后，率自己的人马退回本阵。关羽军如从天而降，袁军众将无人能够抵挡。

恰逢暮春时节，杂花生树，落红片片，春深似锦。

曹操见冲阵得手，对方阵势出现缺口，立即下令全阵前进，乘胜攻击，扩大战果。曹军一路高喊着杀了过来，颜良军主将被斩，群龙无首，阵势混乱，再也不能保持阵形。曹军冲杀过来，颜良军四散奔逃，阵势顷刻瓦解而大败。

那时郭图、淳于琼率军去了延津，袁绍在白马对岸的黎阳。他们得知白马颜良受攻，形势不利，要援救，根本来不及了。

曹操杀退颜良军，进入白马城中，安抚了太守刘延，解了白马之围。这就是官渡之战第一仗——白马之战。

关羽斩颜良，为夺取白马之战的胜利发挥了重要作用，为整个官渡之战开了好头，对夺取全战胜利意义重大。关羽同刘备的另一名将领张飞，成为勇敢的标志性人物，在历史上奠定了勇将的地位。清代史学家赵翼，对此作了论证（图7）。

赵翼说，汉代以后，说到勇将，必定举出关羽、张飞。两人的勇敢事迹，在史书上是有记载的，关羽是斩颜良，张飞是拒水断桥。史书记载两人的勇敢，只有这些。可是，当关、张在世的时候，人们无不为他们的威名所震惊。

赵翼还列举了许多确凿的证据证明关羽的勇敢，并在《二十二史劄记·关张之勇》中总结说：这些都是见于各史书的材料。可见关羽、张飞二公的名声，不只那时的人望而生畏，身后数百年，也无人不震惊，威震所及，至今不朽，关、张之神勇的确不是吹的。

ZHONGWAIZHANZHENGCHUANQICONGSHU

見復九州正為禪代地也。

關張之勇

漢以後稱勇者必推關張。其見於二公本傳者，袁紹遣顏良攻劉延於白馬，曹操使張遼、關羽救延，羽望見良麾蓋，策馬刺良於萬人之中，斬其首還，紹將莫能當者，遂解白馬圍（關羽傳）。此羽之勇也。飛嘗據水斷橋，瞋目橫矛曰：身是張益德也，可來共決死。敵皆無敢近者（張飛傳）。此飛之勇也。

其見於他人之口而為二公之稱者，魏程昱曰：劉備有英名，關羽、張飛皆萬人之敵（魏志昱傳）。劉曄勸曹操乘取蜀之銳進取漢中，謂：若小緩之，諸葛亮明於治國而為相，關羽、張飛勇冠三軍而為將，劉備以此三人者用之，終不可屈矣（魏志曄傳）。此魏人之服其勇也。周瑜密疏孫權曰：劉備有梟雄之姿，而有關羽、張飛熊虎之將（吳志瑜傳）。此吳人之服其勇也。

傅干亦謂：關羽、張飛勇冠三軍，萬人之敵（魏志彧傳）。符秦鄧羌、張蚝，秦人謂之萬人敵（晉書載記）。宋檀道濟有勇力，時以比關、張（宋書道濟傳）。魏楊大眼驍果，世以比關、張（魏書大眼傳）。崔延伯討莫折念生，蕭寶夤謂崔公古之關、張也（北史延伯傳）。齊垣歷生勇力過人，齊安陸王以比關、張（南史崇祖傳）。齊文惠太子……（齊書文惠太子傳）。魯爽反，沈慶之使薛安都攻之，安都望見爽，即躍馬大呼直刺之，應手而斃，時人以比關羽之斬顏良（南史安都傳）。陳霸先……摩訶（陳書摩訶傳）。西域胡人矢無虛發，微謂猶未足過也。

以上皆見於各史，可見二公之名不惟同時之人望而畏之。即徽其身後數百年，亦無人不震而驚之。遂至今不朽，天生神勇固不虛也。

借荆州之非

借荆州之說出自吳人事後之論，而非當日情事也。江表傳謂破曹操後，周瑜為南郡太守，分南岸地以給劉備……

图7　赵翼《二十二史劄记·关张之勇》书影1

ZHONGWAIZHANZHENGCHUANQICONGSHU

11. 曹操丢弃辎重，引诱袁军分散乱抢

　　白马之围解除以后，曹军士气大振，将领都很兴奋，七嘴八舌议论着，有的大叫，要死守白马，不让袁绍过黄河。话音未落，传来了曹操的将令："撤！"

　　曹操头脑冷静：眼下，袁军人多气盛，还不到决战时机。当前要保存好兵力和民力，以备将来反攻。白马处在人家眼皮底下，不宜久留。曹操下令："全军撤出白马，白马百姓一起撤出。"

　　曹操令刘延组织白马民众，先行撤出，部队接着撤出，把缴获的袁军辎重也带上，沿着黄河，经由延津南岸南下。

　　那时候，中国北方连遭群雄混战和饥荒的打击，人口死亡、外逃，或者依附大族，户口数量急剧减少。户口是出赋出役的基本依据，在地多人少的新局面下，无论对于战争还是经济，人口远比土地更加重要。曹操不愿意白马人口落入袁绍手中，因此要求民众一起撤退。

　　白马城外，民众扶老携幼，带着铺盖、锅碗，推着小车，开始了大撤退。白马瞬间成了一座空城，留给了袁绍。

　　袁绍自从向延津派出援兵以后，急切等待好消息。不料得

到报告说，援兵到达延津，只发现少量曹军，曹操大部队不见了。接着，白马告急，白马围攻部队战败，坏消息一个个传了过来。袁绍要派兵增援，又报颜良被斩，已经来不及了。

袁绍恼怒至极。他想，曹操有什么了不起，只有那么一点点的兵，不管怎么说，我的兵力大大地超过他，非给他个厉害瞧瞧不可。当斥候报说曹操从白马撤退的时候，袁绍大喜，下令全军渡过黄河，追击曹操。袁军将领调集船只，指挥袁军渡河，盼望在追击中建立战功。

奋威将军沮授找到袁绍。沮授降职以后，是袁绍三军中一军的领导人。他知道，一旦全军渡了河，背靠着滔滔黄河，就被置于有进无退的境地，相当危险。

沮授看出，曹操通过白马之战赢得主动，好比下围棋抢得先手，袁绍落了后手。曹操走一步，袁绍跟着应一步。他急着对袁绍说："将军，白马初战以后，胜败引起的变化，不可不详细观察。"

袁绍说："白马之战是小小的接触，胜败没什么了不起。"

沮授建议说："我看还是采取稳妥的处置，大军留在延津，暂不过河，只分出部分兵力渡河，攻击官渡。如果获胜，再回来迎接大军渡河，那也不晚。全军这么匆忙渡河，太危险了。渡了河，如果失利遭难，有黄河隔着，全军无法安全返回，后果不堪设想。"

袁绍说："你是怎么啦，从前我困难的时候，你多么勇敢；现在我打败了公孙瓒，势力强大了，你反而总说丧气话，这也不行，那也不行。全军渡河命令已下，不可更改，你瞧好吧。我们抓紧过河。"

黄河岸边，人喊马嘶。

ZHONGWAIZHANZHENGCHUANQICONGSHU

沮授来到了黄河边，面对滔滔河水，生出今非昔比之感。过去，袁绍割据冀州的时候，沮授献上夺取黄河以北的战略，袁绍言听计从，终于拥有了冀、青、幽、并四州。现在，袁绍势力大了，听不进忠告。沮授又失去监督全军的权力，无法阻止袁军渡河。不仅如此，自己还要违心地令所有军队统一渡河。他从来没有像现在这样，感到无能为力。

"将军，您的船准备好了，请上船。"

黄河上，浊浪滚滚，打着旋，一泻千里。沮授面对船只，长叹一声，自言自语道："主上志得意满，手下务贪其功，悠悠黄河，我大概是回不来了！"

沮授在无可奈何中，渡过了黄河。觉得头中隐隐作痛，索性向袁绍打报告，要求养病。袁绍接到报告，不批准，心里对沮授的不合作颇为恼恨。

沮授失去袁绍信任的事传开了。墙倒众人推，于是沮授过去"更不像样"的表现，也传进袁绍的耳朵。袁绍听到这样一个情况：

据说，这次大军从邺城出发前，沮授召集自己的宗族，当场把多年积蓄的家产，分给了同族的各家各户。沮授说："我就要跟随主公出征了，天知道能不能回来。"

同族人劝慰说："你太悲观了，不至于吧。"

沮授说："主公的脾气，我还不知道吗？主公势在，威无不加；主公势不在，那么我不能保住一身，可叹啊！"

沮授的弟弟说："曹操人马不是对手，您有什么担忧呢？"

沮授说："凭着曹操聪明卓越的策略，加上挟天子号令四方，决不可小看。我军虽然战胜了公孙瓒，部队实在很疲劳了，加上将领骄傲，主上奢侈，军队成败在此一举。扬雄说过：'六

ZHONGWAIZHANZHENGCHUANQICONGSHU

国糊里糊涂的，帮助秦皇削弱姬姓周室。'是的，六国无知，他们削弱周室，不知道正是在帮助秦国灭亡自己。这也是今天的写照。我们久战之后，内部问题这么多，不加以解决，却急着去打曹操，难道不是在帮助曹操来消灭自己吗?"

沮授的这一举动传到袁绍那里以后，袁绍恨得要命，下令说："既然沮授有病，就不必带兵了。他统帅的那一军，交给郭图一起带吧。"

于是，沮授这位昔日袁军的"总管"，被彻底解除了兵权。郭图在三军中带两个军，势力上升。袁军中，除了袁绍，就是郭图了。郭图同沮授不一样，是主战派，心术不正，处处迎合袁绍。袁绍上层的更动，使袁绍的错误更难以纠正。

在袁绍指挥下，袁绍全军从白马方向渡过黄河，抵达延津以南，发现了退却中的曹军。袁绍令大军原地构筑营垒待命，令文丑、刘备任先锋，率所部人马追击曹军。

曹操从白马沿河退却，退到延津以南，获知袁绍大军已渡过黄河，先锋部队逼近。形势表明，不打掉袁军的威风，无法继续退却，曹操决心再打一仗。

曹操举目望去，延津南岸以南，一片平原，前方横着不太高的白马山，一条大路通向山傍。曹军沿着大路，进到山南，抢占有利地形，在山坡下勒兵安营，构筑简易垒墙。由于有白马山遮挡，对方不转过山角，发现不了曹营。曹操以逸待劳，决心再打运动之敌。

斥候报告，袁军先锋朝着白马山前进。曹操下令，在军营简易垒墙旁边的开阔地布阵待机。曹军迅速布好了阵，阵中先锋、中坚、殿后和两翼，各就各位，阵首排列着准备冲阵的骑兵。人马静悄悄的，听不见一点声音。

曹阵紧挨着军营，布在军营简易垒墙外面，被山角掩蔽着。阵前对着一条大路，直通袁军来路。曹操派哨兵登上简易垒墙，瞭望袁军。简易垒墙本是防护军营的，这时候成了瞭望台。曹操、荀攸等人，骑在马上，静立在哨兵所站垒墙的下面。曹操任指挥，荀攸做参谋，神将军徐晃等众将在一旁阵中待命。

垒墙上的哨兵极目远眺，忽然小声喊着："来了，朝白马山来了，大概有五六百骑兵。"

曹操没吭声。过了一会儿，哨兵报告："骑兵比刚才多一点，步兵多得数不清。"

曹操心想，不出所料，还是敌众我寡。传令给哨兵说："不要再报。"

"是。"哨兵继续观察，但是不再报告敌情。

曹操察明基本态势，确认目前是以少击众，便有了破敌之策。他传下命令：骑兵一律解鞍，放马，把缴获的辎重运到大路，摆在路边。令下之后，骑兵解下一个个马鞍，放开了战马。战马一获自由，有引颈嘶鸣的，有跑到路边寻草吃的。整齐的马队，霎时间，一片混乱，辎重也都运到路边。只见曹军阵前的大路上，乱糟糟的停放着各式各样的车子，满载着粮食、草料、营帐、甲胄，装不下的，散落在地上，一些车子，七倒八歪，道路一片狼藉，战马在中间乱闯乱跑。

众将惊呆了，莫名其妙，又感到敌众我寡，进行野战，损伤必大。七嘴八舌，向曹操建议说："袁军骑兵太多，不如撤回去，马上鞍，辎重赶快运回，保护营寨要紧。"曹操看着众将，却不说话。

见此情景，荀攸急忙阻止大家，说："这是诱饵，岂可撤走？"

曹操瞥了一眼荀攸，笑了笑。众将见曹操在此紧要时刻一副若无其事的样子，十分纳罕，不知道葫芦里卖的什么药。既然曹操不采纳建议，便准备迎接一场恶战，众将都紧盯着前方。

　　袁军来的路上，尘头大起。文丑、刘备率五六千骑兵先后追到。眼下，曹军骑兵已经是以一敌十了，等下去众寡将更加悬殊。众将纷纷建议："可以出击了。"

　　曹操仍然一副悠闲不愿战斗的样子，下令说："不要出击，继续待机。"

　　不久，前方尘头比先前更高，袁军骑兵越来越多。

　　袁军来的先头部队，是文丑和刘备两部。文丑是袁军名将，所部剽悍善战，纪律却不好。文丑的将士眼看前方曹军兵少，战马乱跑，大路上辎重车丢得歪七扭八，整个一副打了败仗的模样，都哈哈大笑。

　　袁军依仗人多，有恃无恐，看到眼前发财的机会，个个眼睛发红。一部分士兵不顾纪律拥上去，争抢曹军丢弃的辎重，有的抢到了布匹，有的抢到了粮食，有的索性连车子整个拉走。将领半心半意地吆喝："不准乱抢。"部队喜笑颜开，并不听话，袁军阵势愈加混乱。

　　野战中阵形严整，安静，才有战斗力；阵形混乱，嘈杂，便失去了战斗力。曹操乱跑的战马和扔在大路上的辎重，兵法上叫做"饵兵"。这些香味四溢的财物，不过是个诱饵，引诱袁军去抢，以便让袁军在争抢中，自己破坏自己的阵形。《孙子兵法》中早有明诫，嘱咐"饵兵勿食"，告诫千万别吃诱饵。袁军在优势下利令智昏，"饵兵"大吃特吃，阵形顿时大乱，丧失原有的战斗力。

　　曹操见时机已到，下令："全军出击。"

曹阵鼓声大作，骑手迅速牵回战马，翻身上马，徐晃率领不到六百名的骑兵，呐喊着冲向乱作一团的袁军。袁军虽然人多，吃亏在阵形混乱，徐晃骑兵少，却是队形严整，士气高昂。徐晃骑兵很快把袁军阵势冲出一个缺口。袁军原来欺曹军是些败兵，不料曹军队形严整地冲了过来，才知中计，可是为时已晚。

曹军步兵见徐晃骑兵得手，迅速跟进，从缺口冲入袁阵刺杀。袁军阵形大乱，逐渐瓦解，将士四散逃命。

骑兵将领文丑接受任务，追击撤退的曹军，认为以众击寡，又是追击退兵，胜利已经在握，十分得意，在追击中拼命地抢先。对于部队争抢曹军辎重，文丑制止不力。徐晃冲进阵来，文丑大吃一惊，立即整顿阵形应战，但是阵形再也恢复不了，文丑在乱兵间冲来冲去，终于被乱兵杀死。

延津之战，袁军再次告败。

颜良、文丑都是袁绍的名将，两次作战，全部被杀。袁军受到极大震动，士气大受挫折。

曹军战后论功，徐晃表现突出，曹操把他由裨将军升为偏将军。

12. 关羽投奔敌方寻刘备，曹操不让派兵追击

　　沉浸在白马、延津胜利兴奋中的曹军，向官渡撤退，曹操随队而行。正行间，只见一向从容不迫的张辽张皇失措，跑了过来。

　　曹操见张辽有点反常，叫住他问："文远，什么事情，慌里慌张的？"

　　张辽来到曹操身旁，气喘吁吁地说："报告曹公，偏将军关云长不见了，给您留下一封信。"说着，呈上关羽的信。

　　张辽同关羽私交好，对关羽的事特别关切，眼下心中疑虑，慌张起来。张辽虽然不敢打开信看，但是也能猜个八九不离十。他说："莫非他弃军而走，北投刘备去了？"

　　曹操展信阅读，果然被张辽猜中，关羽在信中声明，他离队出走，投向袁绍方面去了。曹操想，我一片苦心，还是没能如愿。

　　由于关羽在白马之战中立了大功，战后，曹操向汉献帝上表，请求给关羽封侯，汉献帝封关羽为汉寿亭侯。

　　众将都来给关羽贺喜，祝贺他获此殊荣。因为关羽封侯以

后，政治、经济地位大大提高，比同等官员不仅名份上高出一大截，还能够食邑。食邑多少户，《三国志》的《蜀书》中没有记载。假定三百户吧，今后这三百户向国家上缴的赋税，便不缴国家，归关羽享用。关羽拿着官俸，又额外拿更大一笔食邑的收入。官俸在职的时候领取，食邑退职后照拿。封侯的待遇，还可以传给嫡长子孙。如果关羽死了，这个侯可以传给儿子关兴；关兴死后，可以传给儿子关统；关统死后，没有嫡长子，以关统的庶子关彝受封。

众将心里有数，关羽斩了一将就封侯，是从重赏赐。不过谁都承认，赏有所值，也承认，曹操对待关羽特厚。

曹操欣赏关羽的为人，觉得斩颜良证实关羽有能力，恋故主体现关羽有道德，是不可多得的将才。曹操对关羽赏赐从重，既是赏功劳，也是想留住这个将才。早在白马之战前，曹操就通过张辽试探知道关羽不肯长期留在曹营。

曹操曾经把张辽找来说："文远，云长平时言谈话语中，对刘备十分留恋，好像没有久留我这里的意思。你去同他谈谈，用情打动他，摸清楚他究竟打的什么主意。"

张辽经常跟关羽饮酒。这一天，又同关羽话起家常，酒酣耳热之际，张辽问："云长，我看曹公对你十分看重，你前途未可限量呢！"

关羽叹了口气，说："我十二分地懂得，曹公待我极厚。可是我受刘将军的恩深重，我发过誓，与刘将军同生共死。我不能违背誓言。"

张辽问："不知你将来的志向是什么啊？"

关羽说："将来我必报刘将军的恩，所以不能老是留在这里。不过，我现在不会走，我一定效了劳，报答了曹公，才会离开。"

张辽把关羽的话，一五一十报告了曹操。曹操一听，心想这不是在争夺关羽中，败给了刘备嘛，曹操默然不语，过了很久，才说："云长是个讲义气的人。"

白马之战，关羽斩了颜良，立下大功，报答了曹操。曹操知道，关羽这回一定要实现诺言，离开曹营了。他重重赏了关羽，除了封侯，还有许多另外的赏赐，希望能够挽留关羽，即使不能挽回，也留下个人情。

关羽斩了颜良，报答了曹操，又知道了刘备的下落，准备回到刘备那里。他封了侯，收到曹操赏给的许多东西，都封存起来，一动不动，详细记载，一件不缺。

关羽给曹操写了封辞别信，言辞恳切，对曹操的厚待，表示深深的感谢，说明自己出走的原因，希望得到谅解。关羽把信留在住所的几案上，找机会悄悄地离开了曹营。走的时候，曹操的赏赐，一件也不带。

曹操拿到了关羽的辞别信，荀攸等左右的随从人士都很愤怒：

"主公待他这么好，他竟投奔敌人。"

"马上派兵把他追回来，不能让他跑了。"说着就调动部队，准备追捕。

曹操挥了挥手，说："各为其主，放他走吧，你们不要追了。"

关羽向北而行，一路没有受到曹军严重的阻拦，便很快进入了袁军的控制区。刘备正率领先头部队，位于袁绍大军最前方。关羽很容易地找到刘备，回到故主的麾下。

关羽能够回到敌人一方，得益于曹操的宽宏大量。曹操超

ZHONGWAIZHANZHENGCHUANQICONGSHU

乎敌我界限的做法，是由于欣赏关羽不忘故主的美德。

什么是不忘故主的美德呢？原来，东汉的高官有权从平民中选拔属吏。平民一旦被高官举荐，便做了官，平步青云。这一生，不论将来到哪里做官，做什么官，举荐者都是他的故主，他这个故吏都是故主的家臣，有义务为故主效劳，生死相依，同患难。故主死了，要服三年之丧，继续侍奉故主的后人，或者替他家管理家财。对于故吏不忘故主，履行义务，社会上公认是一种美德。这是一种人身依附关系，是东汉社会封建关系强化的表现。

到了汉末，群雄并起，天下大乱，君可以择臣，臣也可以择君，上下之间缺乏凝聚力。曹操承认："现在是上下相互猜疑的年代。"曹操同众将的关系，那时还不够稳定。曹操只赏功劳，不敢严厉处罚，怕严了人家离他而去。有时候，即使真心对待下级，也会引起猜疑，发生叛变。曹操经历过多次部下叛变和哗变了，长子曹安民还在降将叛变中丧生，曹操极为痛苦。

曹操看到，在社会动荡时期，提倡不忘故主，有助于巩固上下关系。刘备同部下关羽，就是依照故主和故吏的角色建立他们的关系。关羽由于刘备而起家，对刘备感恩戴德，不贪图富贵，同故主生死与共。曹操希望众将效仿关羽，把自己看成故主，效忠自己。关羽投向敌人袁军方面，固然不是好事，但是提倡关羽的精神，对巩固内部更为有利，曹操是多么希望自己队伍里也出几个关羽啊。

13. 曹操骚扰袁绍后方，在幽州安插亲曹官员

延津战后，曹军继续向南撤退。一路上，曹操骑着马，边考虑下一步行动，边欣赏沿途景物，忽见参司空军事法贾诩纵马前来，小声说："曹公，眼下小心为妙。"

曹操说："文和，我延津大败袁军，士气很高，可以放心撤退。"

贾诩说："袁军在延津虽然战败，但难保不二次追击。曹公忘了安众吗？"

曹操点点头，说："唔。"

原来贾诩指的是建安三年（198年）在安众发生的事。那时曹操离开许都，去征讨南阳张绣，突然得到情报，说袁绍密谋乘虚偷袭许都。曹操担心后方许都有失，急忙从前线撤军。张绣见状大喜，不顾谋士贾诩的劝阻，率军追击。曹操在安众设下埋伏，张绣中埋伏，大败，率残兵回去。贾诩告诉垂头丧气的张绣，你马上再追，可期必胜。张绣将信将疑，纠集部队再次追击，果然胜利而归。

现在，贾诩对曹操说："张将军第一次追击您，我料您退兵

一定亲自断后，张将军不是您的对手，所以追击必败。您攻张将军，并没有失策的地方，退兵必定是国内有变故，打退张将军第一次追击以后，您一定轻军急进。即使留下众将断后，也一定不是张将军的对手，所以劝张将军第二次追击。"

曹操大笑："文和果然广有智谋，如今为我所用，要我提防袁绍第二次追击，我一定听你的。"

贾诩说："只是如何防止追击，我还没有想出来。"

曹操眉头一皱，笑道："有了。传令讨寇校尉乐进前来。"

一会儿，乐进来到。曹操对他说："我分出一小半兵力，交你带去，速速北上，过黄河，会合在那里的于禁。"

平虏校尉于禁战前率两千兵马驻守延津，后来见袁绍大军云集黎阳，便主动退出延津，留在黄河以北伺机。

曹操说："你向于禁传达我的命令，你们共同骚扰袁绍后方，牵制袁军，叫他后路不得安宁，保障我军安全撤退到官渡。"

乐进领命，立即率兵出发，渡过黄河，同于禁合兵。

乐进走后，曹操见贾诩脸色不佳，一头虚汗，说："文和，你不舒服么？"

贾诩擦了擦额头上的汗，说："曹公，我是替你担心，急出了虚汗。而今追击大军压境，我军兵少，你分兵，袁绍打过来怎么办？"

曹操笑而不言，见贾诩一个劲儿地盯着他，才说："这一招看似险，其实比较安全。我让袁绍后路起火，他就顾不上二次追击啦，这是以攻为防。从开战以来，咱们是防，可是打了白马、延津两仗，再叫于禁、乐进搅他后方，可以说防中处处有攻啊。"

曹操又说："一味地防，那是打呆仗。袁绍多疑，我料他吃

ZHONGWAIZHANZHENGZHENGCHUANQICONGSHU

了白马、延津两个败仗以后，有点拿不准。可能在延津以南待机。于禁、乐进骚扰他后方，能进一步拖住袁绍，估计袁绍大军要在延津以南停留一段时间了。不信，咱们就看着。不过你的提醒还是有用的。"

说着曹操又下达一系列命令，在险要地段安排部队设埋伏，防止袁军追击。

五月，曹操大军在于禁、乐进对袁绍后方的骚扰下，以及严密的退兵组织下，从容后撤到了官渡，袁军果然没有再追击。

在黄河北岸，于禁、乐进两军合兵后，兵力达到五千人，对骚扰地区形成优势。两军袭击袁军的一个独立营。那独立营不料北岸居然有敌人的大部队，因守备松懈，突遭袭击，感到曹军从天而降，百思不得其解，营中大乱。于禁、乐进重创独立营后，沿着黄河，转军西南。于禁进攻汲县（今河南汲县东），乐进进攻获嘉县（今河南获嘉东）。这一带，散布着袁军许多小土围子，成了于禁、乐进的攻击目标。二将逐个攻陷三十多个小土围子，每攻陷一处，放火焚烧，前后斩杀和俘虏袁军达数千人，招降袁将何茂、王摩等二十多人。于禁、乐进越战越强，袁军后方粮草、装备、兵员损失惨重。

捷报陆续传到官渡，曹操拍手大笑。六月，曹操命令于禁、乐进回军。二将扬威袁绍后方以后，南渡黄河，到达原武（今河南原阳）。曹操命令乐进回官渡，于禁留在南岸，继续骚扰袁绍。

乐进按照要求，率部队回到官渡，于禁留在原武。不久，于禁侦察到驻扎在黄河渡口杜氏津的袁绍的另一个独立营纪律松弛，即率部队越过阴沟水，进抵黄河边，攻击该营。该营想不到于禁冒险前来，双方交手，该营大败，损失惨重。于禁又

ZHONGWAIZHANZHENGCHUANQICONGSHU

进行一系列的骚扰，屡屡得手，忽然接到曹操回撤命令，也撤回官渡。

于禁屡立大功，一回到官渡，看到官渡的部队异常忙碌，有的练兵，有的修工事，为防范袁绍进攻做最后准备。曹操听说于禁回来，马上接见他。

一见面，曹操说："文则，辛苦了，你和乐文谦深入袁绍后方，打得漂亮，在杜氏津也打得好。下一步，要在官渡打一场防御战，你要再接再厉，再立新功啊。我已经向天子禀明，提升你为裨将军。"

于禁原是校尉，从此迈入将军行列。

第二天，曹操在营帐中忙军务，忽然接到报告说，建忠将军、督幽州六郡鲜于辅从幽州远道前来求见。曹操大喜，立即召见。

"司空大人，征战辛苦，小将特来表示慰问。"

"哈哈，来得好，来得好。"曹操喜笑颜开说："我同袁绍大战，正在紧张的时候，这个时刻你千里迢迢来看我，我很高兴。"

鲜于辅原是幽州一名从事官。他的故主幽州牧刘虞反对军阀割据，被当地军阀公孙瓒杀害，鲜于辅率领幽州兵图谋报仇，推举有恩德信誉的燕人阎柔为乌桓司马。阎柔招募乌桓、鲜卑人当兵，得到胡人、汉人数万兵力，同公孙瓒大战，斩太守邹丹，又同袁绍联合大败公孙瓒。公孙瓒灭亡以后，鲜于辅率领众将接受许都献帝的号令，实际上倒向了曹操。现在，袁、曹大战期间，他又来到官渡，鲜明地表示站在曹操一边。

曹操笑着说："你就不怕我战败吗？袁绍兵马远比我多啊，他要赢了，可饶不了你。"

鲜于辅说："不怕，司空大人，我们幽州一向忠于汉家，过去公孙瓒闹独立，我们幽州牧、大司马刘公反对他。刘公不幸被公孙瓒杀了，我们幽州人为刘公报仇，联合袁大将军把公孙瓒打败，迫使公孙瓒自杀。那时候我们同大将军是战友。现在大将军也想闹独立，同天子作战，我们不会跟他跑的。我千里跋涉，来看司空大人，就是表示我们的态度。"

"好极了。前些天，你们幽州乌桓司马阎柔也派人来接受我的指令。"

鲜于辅说："我同阎柔商量好了，听天子和您的，绝不听袁大将军的。"

曹操说："我奏报天子，阎柔现在是乌桓校尉，从六百石的官升为两千石的高官。他的使者刚刚回去，你就亲自来了。有你们在，幽州就不完全是袁绍的了。袁绍后方不安宁，我想他有时候是睡不着觉的。"

幽州是袁绍的后方，有人倒向自己，对袁绍是很大的牵制，所以曹操料袁绍睡不好觉。

过了些天，曹操再次召见鲜于辅，告诉他，已经禀明天子，升他为右度辽将军，负责匈奴事务，封亭侯。曹操通过这一手，在袁绍后方安插上自己的人。他紧紧握住鲜于辅的手说："幽州交给你和阎柔了，别让我失望。"

鲜于辅领命告辞，穿过袁绍领地，回幽州去了。

再说袁绍原来的打算是：亲率十万长戟、成群胡骑为攻击正面，以并州兵越过太行山为左翼，青州兵涉过济水、漯水为右翼，三面围攻曹操。加上荆州牧刘表响应，出兵宛县、叶县，攻击曹操后方。四面八方一齐压过去，围剿官渡和许都。期望各路兵马如期并举，像熊熊烈火焚烧蓬草那样，共同把曹操消灭掉。

谁知开战以来事事不顺，并州兵受阻于河内魏种，青州兵被制于徐州臧霸，都无法前来会合。刘表更叫人伤心，答应相助，却推脱不肯发兵。剩下自己一军，又连吃败仗。袁绍竟是连连受挫，将士也失去了原先那种汹汹的气焰。

袁绍无奈。不久，后方接连飞报遭到于禁、乐进袭击，损失重大，袁绍不得不顾及后方。五月，袁绍一方面增援后路汲县和获嘉，一方面命令大军停止紧跟退却的曹军，大营驻扎在延津以南，部队在白马、延津、杜氏津一线展开，针对白马、延津两战暴露出来的问题，整军备战。

接着，袁绍得到情报，说曹操安然退到官渡，幽州阎柔、鲜于辅先后同曹操联络。袁绍忙召集智囊，商讨对策，议定在幽州加强戒备。

大家说："曹操不是想牵制我们的后方吗？好，我们以其人之道，还治其人之身，也上他老窝里踹一脚。在曹操后方汝南郡，我们很有力量。那里是袁公老家，有袁家众多的门生、宾客，是我们的基本力量；有黄巾投降部队，可以争取。再者，个别曹方人员派人暗中来拉关系，说明曹操内部不稳，可以因势利导，派一批能说会道的人物，潜入曹操后方，四处进行收买，对曹操军中也要策反。"

袁绍听了大喜，立即批准执行，他要在前方步步紧逼，后方开辟第二战场，双管齐下。

曹操对袁绍新的部署一无所知。他深入袁绍大军后方骚扰一番以后，又在袁绍大后方幽州安插了鲜于辅和阎柔，十分高兴，却不料到自己后方也出了问题。

14. 袁绍袭扰曹操后方，曹操 开展反袭扰活动

六月以来，官渡异常炎热。隔三差五，便有许都和许都以南的告急文书雪片似的飞到官渡。曹操每拆看一份，多是坏消息，看得心情烦闷。前线事务繁多，后方又逐渐大乱起来，兵力、粮食、人心全面告急。有几天，情况相当严重。曹操愁眉不展，深夜不得入睡，头脑昏沉沉的。

曹操后方，颍川、汝南两郡最重要。颍川郡有许都，是东汉府所在地；汝南郡北邻颍川郡，地大人多，比较富庶，是军粮重要来源。这两郡在6～9月间，遭到极大的打击。

尚书令荀彧在许都主持政务。六月间来信说："汝南是袁绍的家乡，目前最乱。"

原来袁家在汝南郡经营上百年，门生、宾客和庄园遍布各县，势力极大。

袁家势力的基础，是那些庄园。庄园是农业生产单位，庄园里，由一个宗族聚族而居，庄主既是庄园地主，往往又是族长，同族人为他耕种，外姓人来投靠，算是他的宾客，也为他耕种。耕种的人同庄主形成租佃关系。

81

ZHONGWAIZHANZHENGCHUANQICONGSHU

庄园又是军事单位。为了防备春饥草窃和穷厄寒冻的饥民，修筑起坞壁。坞壁有围墙、角楼、望楼、飞桥，俨然一座小城堡。庄园主把宗族、宾客、佃客、门生故吏组织起来，建立部曲，负责守卫坞壁，开展训练。部曲每年二月，练习射箭技术；三月春荒，设警守备；八月，修缮弓弩器械，进行射技训练；九月，修缮各种兵器，进行战斗和射技训练。他们亦兵亦农，平时种田，农闲练兵，有事才战斗，比较隐蔽。

这些部曲，是武装的耕种者，且耕且战，除了由租佃关系发展而来的对主人的依附关系外，被追加兵法部勒的上、下级关系，这样，依附关系更强，凝聚力、战斗力更高。部曲由庄主统带，庄主病危，部曲转归子侄，统带权是世袭的。

汝南众多庄主是袁家的人。庄园里的部曲，在经济、宗法、军事各方面完全依附袁家庄主，形成独立于国家武装力量之外的私兵。战争开始以后，袁家庄主依仗手中的私兵，武装抗赋抗役，抵制曹操控制的东汉政府。地方秩序大乱（图8）。

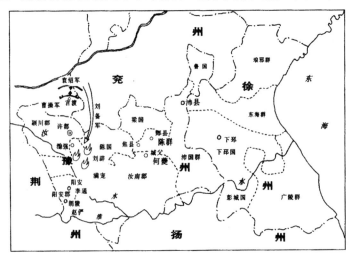

图 8　曹操后方形势图

ZHONGWAIZHANZHENGCHUANQICONGSHU

曹操给荀彧写信，商讨对策。曹操说："汝南问题如此严重，一定要选派得力的人去。"

荀彧来信说："我推荐一个人，一定能够安定汝南，这个人就是满宠，现任许都县令。"

曹操同意，立即任命满宠为汝南太守，让他速速上任。满宠接到命令，迅速交卸了许县公事，到汝南上任。

满宠是个倔老头子。他当许县县令的时候，不畏豪强、敢做敢为，曹操特别欣赏。那时候，豪强、扬武中郎将曹洪，仗着是曹操的堂弟，包庇不法分子。他家有宾客在县境内一再犯法，天怒人怨，没人敢惹，被满宠逮捕问罪。曹洪来求情，满宠不睬。

曹洪无奈，恳求曹操干预。由于曹操起兵的时候，曹洪救过曹操的命，又带着1000家兵入伙，屡立战功，曹操不能不买曹洪的账，传令见县里的主管吏员。满宠听说要召见此案的主管吏员，知道会赦免罪犯，风风火火，抢在召见前把罪犯杀了。曹操得知，非但不生气，反而高兴地说："管事的人，不就该这么做吗！"

满宠来到汝南上任，头一件事该是平叛。要平叛，手中却没有兵。他深入调查研究，发现袁绍势力不是铁板一块，其中不少人并不愿意反叛。满宠以袁制袁，在不愿意反叛的人中募兵，招募到五百人，组成精悍的郡兵，率领攻打反叛的庄园坞壁。每次集中使用兵力，先弱后强，逐个攻打。那些庄园坞壁，没有联合，各自为战。庄园里的私兵，欺压百姓绰绰有余，同官府作战甘拜下风。

满宠懂兵法，算计好了动手，先后攻下20多个庄园坞壁。其余来不及被攻打的，气焰都下来了。满宠见势收兵，派人到袁家势力的各庄园坞壁，请各渠帅（军事首领）商量事情。渠帅不敢硬抗，一个个都来了，满宠请他们入席。席间，满宠要求渠帅同袁绍划清界限，一些渠帅唯唯诺诺，另有十几个渠帅说，不忘故主是社会公德。满宠把脸一拉，翻了脸，伏兵齐出，当场把这十几个人宰了。

一时间，袁家庄园势力土崩瓦解，汝南平定。满宠整顿这些庄园，查出隐匿人口和非法武装，从中收编国家户口两万户，收编兵力两千人。非法武装给予解散，他让百姓安心种田，不许再动刀枪。满宠把喜讯传到官渡。

在官渡，曹操送走满宠后，并不感到轻松。原来汝南还活跃着两股反抗的军队。

一股是投降曹操的黄巾军，以刘辟为首，利用后方空虚，率部响应袁绍。刘辟从汝南北上，占领颍川、汝南交界处的瀱强等县，北距许都只有几十里路。

另一股是外来的刘备。原来刘备投奔袁绍后，受袁绍派遣，率军迂回进入曹操后方，巡行瀱强等县，呼应刘辟叛军，威胁朝廷。

与此同时，袁绍派出游说人员，带着金帛和封官的许愿，潜入曹操后方，四处游说。说客们向郡太守和县令详细说明曹操兵少，根本不是袁绍的对手，将来袁绍大兵一到，奉迎天子，就是东汉政府新的首脑；如果死跟着曹操，难免玉石俱焚，要早做打算，早立新功；又送金帛，送官爵，许愿跟了袁绍一定有甜头。多数太守、县令经不住诱惑，接受了袁绍任命的官职，叛变了曹操。

在袁绍方面频繁的招降、袭扰下，从许都以南，整个后方扰扰不安，曹操怎能轻松得起来。

曹操紧张地思索着，派谁去后方平定叛乱呢？他突然想到堂弟曹仁。曹仁，字子孝，在曹操身边当顾问，并统率骑兵，忠心耿耿，有勇有谋，是恰当人选。不过要先听听他的见解，再下决心。

曹操叫来曹仁说："今天谈谈平定后方叛乱的事。这事我很着急，想不到后方这么多的县叛变。"

曹仁说："不必着急，后方叛变的确不少，可是在情理之中。"

"叛变还有理不成？"

"您别急。后方各县知道，咱们正在想办法对付袁军，想救他们，但脱不开身。刘备率领强兵巡行各县，各郡县没有地方兵，抵抗不了，背叛也是形势所迫。"

"我打算派你去后方解决问题呢。"

"我一定完成任务，我有把握。"

"有什么把握？"

"您知道，刘备到咱们后方捣乱，带去的兵主要是袁绍的。关键时刻，这些兵能听他的吗？凭这一条，打败他没问题。"

曹操满意地点点头，说："子孝，我等你的好消息吧！"

曹仁带着骑兵走了。

过了一段时间，曹仁那里不断有了消息。事情的进展，不出曹仁的预料。

刘备刚进入汝南的时候，由于当地没有地方部队，没碰上对手，在各县巡行，一路顺利。不久，曹仁精锐的野战骑兵到来，刘备越打越吃力。他率领的将士本属袁绍，配合刘备是暂时的，他们抱着临时观念，作战不肯出死力，刘备无可奈何。刘备同曹仁交手，吃了大败仗，率残部退出汝南，返回北方去了。刘备退走，刘辟孤立无援，也被曹仁平定。曹仁全部收复各个叛变的郡县，率部回到官渡。

刘备退走，刘辟平定，满宠镇压了袁家势力，汝南形势日益见好。

再说曹操，前脚送走曹仁，后脚收到一份礼物，礼盒上写着"司空大人亲收"，原来是后方建功侯、裨将军李通派人送来的。

曹操笑着说："这个文达，玩什么花样，仗打得这么紧张，自己人倒送起礼来了。"

曹操打开木制礼盒，里面盛着一枚将军印，一条系印的绶带，附着封信。拿起那印细看，上面刻着"征南将军之印"几个篆字。他匆匆看了信，问了送礼人，才明白原委。

派人送礼的李通，原是阳安郡的豪强，在长江、汝水间广有势力，因此曹操请他做阳安郡都尉。都尉是郡太守下负责军事的长官。

阳安郡毗邻汝南郡和荆州，所处地理位置重要。袁绍瞄上了李通，派使者来宣布，任命李通为征南将军，送上将军大印和系印的丝制绶带。荆州牧刘表也秘密招降李通，作出诱人的许诺。

消息传了出去，亲戚、部曲来找李通，围着他，流着眼泪，七嘴八舌地进言：

"形势危急，周围郡县都附和袁绍，您势单力孤，处境危险。"

"只有您独自坚守，丧失周围郡县的强大援助，早晚都要灭亡。"

"替您着想，不如归顺袁绍，越快越好。"

李通"啪"的一声，把剑放在桌案上，右手按住剑，大声呵斥说："谁也不许胡说。曹公聪明，有才能，一定统一天下。"

看见大家被镇住了，李通耐心地说："不要只看眼前，眼前袁绍强盛，可是用人不得其法。知道田丰吗？因为敢说真话，被袁绍下了大狱。袁绍这个样子，成不了大事，早晚必定当俘虏。等着瞧吧。"

李通又拿起剑，朝桌案上猛地一拍，说："我就是死，也不怀有二心。"

当即把袁绍印绶封在盒内，派人送到官渡。曹操收到印绶，感慨不已。

李通送去印绶以后，加紧征收户调，就是在郡内按户向百姓征收绵绢等实物税。该郡朗陵县令赵俨，对这个做法很不以为然，见到李通，劈头盖脸排揎他一顿："你征收户调，不能太急。天下还没安定，各郡都叛变了。不叛变的反而要缴绵绢，这不是老实人吃亏吗？容易激出事变啊！小人喜欢作乱，出了乱子，能不遗憾吗？再说，眼下无论远近，叫人发愁的事太多，这时候办事不能不特别的慎重啊。"

李通点了点头，又摇了摇头。点头是同意，摇头是有顾虑。他说："袁绍同曹公交战，形势紧急，左右郡县叛变，成了这个样子。我不把绵绢征收送去，人家准会说我观望，在等待着什么。"

赵俨不觉也暗暗犯愁，说："确实像你说的，不过还是应当衡量轻重，顾全大局。你先慢点征收，我替你除掉这个麻烦。"

赵俨随即给尚书令荀彧写了信，送到许都。上面写道："今阳安郡应当送上征收的绵绢，可是道路险阻难行，送绵绢肯定招来盗贼。阳安郡百姓贫穷，邻近各城叛变，很容易由于征送绵绢处理不当而倾覆全郡，这是一方安危的关键。何况该郡人具有忠心和气节，艰险时刻不怀二心，如果小善必赏，可以使讲义气的人受鼓励。凡善于治国的人，藏富于民。因此我建议，天子给他们慰问和安抚，征敛的绵绢，都发还百姓。"

荀彧很快回了信："接到来信以后，我马上报告了曹公，文件已经下发到阳安郡，征收的绵绢全部发还民众。"

免征绵绢的好消息迅速传遍全郡，全郡上下欢喜不禁，从此安定下来。

这时候，李通在汝南淮北攻打郡内瞿恭、江宫、沈成等盗贼，连战连捷，每次都摧毁对方的部队，斩送首领首级。曹操对李通给予嘉奖，改封为都亭侯，升任为汝南太守。原太守满宠另调他用。

后方展开反招降反袭扰斗争以后，袁绍的势力遭到重大打击，形不成气候，曹操在汝南的力量，则得到极大加强。

15. 曹军任峻在反劫粮斗争中发明了十道方行的复阵

　　再说官渡云集近万曹军，所需物资都靠各地支援。曹操为了运送这些物资，开辟了东、中、西三条运输线：东线是兖州、徐州运输线，中线是豫州运输线，西线是司隶校尉密县、洛阳一带的运输线。曹操令任峻主管后勤运输，驻在豫州许都，负责全盘。离狐太守李典主持中线。

　　这回李典又亲自押着运输队前往官渡。只见长长的一溜大车，载着粮食布帛，一步步向前跋涉。大车行进间忽高忽低，车夫饥肠辘辘，有的向前栽倒，衣裳被汗水打湿了。李典骑在高头大马上，走在队伍中间，照顾整个运输队。运输队沿着大野泽前进，这是一片巨大的湖泊，位于今天鲁西东平湖以南。

　　离狐太守李典回忆着，押运粮食布帛上路的那天，暑气炎炎。大队人马告别了离狐，向南进发。离狐属于兖州，是曹操临时设立的一个小郡，在古黄河以南，正是今天山东东平地界。

　　这支运输队，由征调的民工和李典的宾客、部曲组成。李典是地方豪强，拥有宾客几千家。宾客原是一些外姓自耕农，后破产了，投靠豪强李典做工，从此失去自己的户口，挂靠在李典户口名下，脱离了国家户籍的管辖。一个豪强或者大姓，拥有宾客越多，在地方的势力就越大。官府依靠这些豪强、大姓，才能在当地站住脚。大姓、豪强又借此进入官府，形成官府和大姓、豪强一体化。

李典队伍中，有李典的私人武装，由李典的宗族、部分宾客组成。他们由李典供养，替李典效力，是李典的私有财产。李典当了太守，他家的私兵随着运输队走，担负后勤警卫。

运输队过了大野泽，来到鄄城城外，只见一支小队人马前来迎接，是鄄城守将、振威将军程昱派来的。李典随派来的人进入鄄城，见到守将程昱。

鄄城在黄河南岸，位于白马以东不到两百里，守城兵力只有七百人。白马战前，曹操派人传话，给程昱增加两千兵力。程昱不肯接受，说："袁绍拥兵十万南下，自以为所向无敌。他探明鄄城兵少，一定轻易不来进攻。如果您给我增加兵力，袁军为保证右侧安全，路过鄄城不得不进攻，进攻则必想克，既损害我大军兵势，也损害鄄城兵势。我这个判断，曹公不必怀疑。"曹操同意，没有增兵。袁绍听说程昱兵少，果然没有来进攻。

李典见到程昱，恭敬地对程昱说："将军，您胆敢不要增兵，听说曹公当着贾诩的面称赞您。曹公说您的胆子，超过古代勇士孟贲和夏育。"程昱连说："不敢，不敢。"李典说："我们都敬重您。"

李典告辞了程昱，率领运输队向东南行来，一路上起早贪黑，躲着炎热的中午赶路。过了濮水、济水、汴渠、睢水、浪汤渠，抵达官渡。

曹操接见、慰问了李典一行。曹操说："多亏你的部曲，没有他们，这些粮食别想安全地运到官渡。我是派不出兵为你护粮的。"

那时候曹操地方政权中，还没有郡兵，主力部队又抽不出来护送粮食，因此李典的私人军队派上了大用场。李典在官渡之战中一直负责运粮，立了大功。战后论功行赏，升为裨将军。

中线后勤运输，由任峻亲自主持。

任峻是位奇人，胆大心细。有一件事，说明他眼光特别敏锐。当时董卓在朝廷专权，官渡所在的中牟县令杨原又愁又怕，打算弃官出走。任峻知道了，劝杨原起兵，武力反抗董卓。任峻说："董卓首倡作乱，天下人人跟你一样，又恨又生气，可是不见谁出来反对。不是没这心，是迫于形势，没这胆。明府君如果挑个头，一定有响应的。"

杨原觉得有理，起用任峻为主簿。任峻拿这个身份向朝廷请求，由杨原代理中牟县的上级河南尹（相当于郡太守）。杨原当上河南尹后，命令郡内各县起兵发难。正好曹操起兵，进入中牟县界。这时候群雄并起，天下大乱，杨原部队不知道跟着谁好，任峻与同郡人张奋单独商议，率领全郡的义兵归附了曹操。

任峻在曹操初起时刻归附曹操，资格老，是曹操信得过的"老部下"，曹操把堂妹嫁给任峻。每次出征在外，常叫任峻留下看家，负责供应军粮。

那时候年成不好，闹旱灾，群雄普遍缺粮，曹军粮食严重不够吃。建安元年（196年），曹操发动部下讨论经济问题。羽林监枣祗和韩浩提议，由公家出面，把战乱中的无主荒田和无地的劳力组织起来，进行屯田。

曹操采纳建议，认为屯田是前代做出的榜样，可以借鉴，要通过实行屯田，达到强兵足食。当即任命"老部下"任峻做典农中郎将，主持这事。任峻当年招募无业的流民，在许都一

ZHONGWAIZHANZHENGCHUANQICONGSHU

带的荒田上耕作。由公家出借种子，出租耕牛，秋收时候同屯田人分成。当年秋天，收获了一百万斛粮食。

随后，曹操在行政系统之外，单独设立屯田官系统，让任峻牵头，到战争爆发的时候，屯田已经开展了四年。一方面无业流民有了田种，社会安定；另一方面公家年年有了稳定的粮食来源，支持了战争，稳定了人心。以后，地方各郡纷纷仿效任峻在许都的做法。多年以后，屯田的地方，到处储藏米粟，仓库都满了。这是后话。

再说任峻主持后方运输以来，多次把许都以南的物资组织前送。这次，他亲自带队出发。辎重队排成行军的队形出动，走在路上浩浩荡荡，队头队尾相距有好几里地。任峻率领士兵随行护卫。过了郾县（今河南漯河），一马平川，地里一片绿油油的庄稼。任峻带着士兵走在队前。突然，辎重队后队方向暴雷似的一声喊，庄稼地里冒出几百人来，手持长矛，冲了过来。后队运夫急忙击鼓报警。任峻在队前，急忙回救，来不及赶到，后队眼睁睁看着辎重被抢走。任峻率部赶来，抢劫者跑光了。以后任峻走在队后，他们就在前队抢；走在中间，他们则在前后两头抢。

许都以南，叛变郡县多，刘备、刘辟活跃，消息灵通。运输队一出发，人家就知道，在半路伏击，物资损失极大。前线将士眼巴巴盼着运输队到来，物资来了以后又不能全额送到。将士们分外失望，任峻心情沉重。

每次上路，都叫任峻头疼。他决心彻底解决问题。任峻是个富有创意的人，经过同部下研究，总结教训，终于找到对策。

这次出发，任峻把辎重队重新编组，一千辆运输车编成一部，列成十路纵队，编为一个大阵，大阵的外围，有护卫队护卫。护卫队也编成一个大阵。运输大阵在里，护卫大阵在外，两阵齐头并进。任峻把它叫做复阵，意思是阵中有阵。

任峻在反偷袭、保护粮道的战斗中，创造出这种十道方行的复阵，是一大发明，意义深远。后来中国一些阵法，从复阵得到启示。唐代大将李靖的行引阵法，便脱胎于任峻的复阵。

任峻复阵具体什么样子，古书中失载，但是从李靖行引阵法中，还能窥见一斑。

李靖行引阵法是护送辎重的，阵内由辎重队和战锋队两部分组成。辎重队分成前后四个分队，负责护送的战锋队，也分成前后四个分队。战锋队这四个分队，又一分为二，分成八个小分队，紧贴辎重队两侧护送。行军中一旦遭遇敌人，辎重队向中间收缩集结，战锋队第一、第四分队，分别移向全队的前后，形成对敌正面，第二、第三分队护卫全队的两侧。这样一来，战锋队在外围，以八个小分队把辎重队包裹起来，形成八阵，进行护卫（图9）。

里面被护卫的辎重队收缩成一个阵，外面再包裹上护卫它的一个阵，这不是不折不扣的复阵吗？

李靖的阵法与任峻的复阵有所不同，它通常以四路纵队前进，任峻的阵法通常以十路纵队前进。任峻在河南东部平原地区护送，地形平坦，可以安排几路纵队并行，以节约护卫队兵力。

再说任峻研究出了复阵，再次出发。只听沿途一声喊，又遇到抢劫者。任峻在行进中迅速布成复阵，全队收缩，抱成一团，阵中有阵，辎重严严实实被包裹在中间，四周都形成对敌正面。抢劫者见对方阵形严整，无隙可乘，好像老虎吃天，再也无处下口，不得已退去了。任峻把粮食、布帛和军械完整无损地送到前线。曹操看了大喜，问明情况，大大表扬了任峻一番。

ZHONGWAIZHANZHENGCHUANQICONGSHU

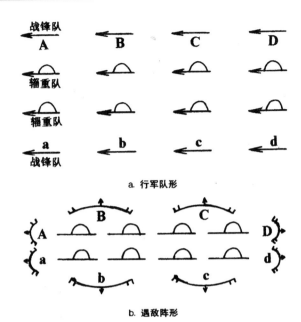

图9 唐大将李靖行引阵法示意图

任峻押运粮草，越来越顺利。不仅抢劫者遇到复阵难以得手，而且抢劫者自身也由于曹仁生力军进入后方的进剿，面临灭顶之灾。自从刘备退出汝南，刘辟失败，任峻运粮很少再遇上劫粮的了。

同东线、中线比较，西线运输的麻烦最大。西线承担着把关中、洛阳一带的支前辎重运送到官渡的任务，运输线终点临近袁绍大营，护运兵力薄弱。袁绍瞅准这个空子，派别将韩猛切断西线运输线。韩猛在官渡以西十分活跃，多次得手。这时候，曹仁在后方作战成功，接到曹操命令，调转兵力进入西线，寻找韩猛作战。在鸡洛山（今河南郑州西南）同韩猛遭遇，大败韩猛。韩猛遭到重创，从此袁绍再也不敢分兵拦截曹操的运输线了。

曹操的后方运输在艰难的历程中取得成功。

16. 刘备再度袭扰汝南，袁绍 全军缓缓逼近官渡

袁绍大军驻在延津以南，整军备战，两个多月过去了。七月中旬，袁军整顿纪律，针对曹军的突击训练，都取得初步成果，还骚扰了曹操的后方。

这天，袁绍在大帐中，忽报刘备求见。原来刘备率军深入曹操后方袭扰作战完毕，现在返回大营。袁绍连忙走出帐外迎接，并说："刘备，辛苦了，看你满面风尘，受累了，来来来，进帐谈。"

两人走进帐中，坐了下来。袁绍说："你把曹操搅得觉也睡不好了。"

"是啊。那时候，整个豫州到处骚动。许都以南的郡县，差不多都倒向我们。没有倒向我们的郡县，曹操也不敢去征收户调绵绢。他的粮食运输常常被我们劫了。可惜呀，最近战事不太顺利，曹仁的骑兵厉害得很，我吃了败仗，只好回来喘口气，听说刘辟也叫曹仁打败了。"

袁绍说："没关系，你先休息休息，把身体养一养。今晚我设宴为你洗尘。"刘备告辞，回去安排部队休整的事务。

晚上，刘备怀着复杂的心情赴宴。他这次把曹操后方搅得天翻地覆，不料功亏一篑，十分遗憾。他明白得很，后来战败，表面看是由于曹仁骑兵精锐善战，真正的原因是自己指挥不了手下的袁军。

如果是自己的部队，指挥如意，绝不会是现在这个结果。刘备这样想。

刘备感到袁绍对自己表面上很尊重，暗中又不放心，要不为什么自己指挥不动所率领的袁军？袁绍名声很大，跟他一接触，才知道名不副实，靠他成不了大事。刘备下决心脱离袁绍，另谋出路，也想出了脱身之计。

袁绍、袁谭父子和主要将领出席晚宴，对刘备非常敬重。酒过三巡，刘备说："豫州响应咱们的人非常多，可惜未经训练，不过是些乌合之众，结果叫曹仁占了便宜。那时候刘表要是肯出兵北上，各方联合起来，曹操就大难临头了，曹仁绝没有好果子吃。"

袁绍懊恼地说："战前我派人同刘表联络过，他同意出兵的，岂知临时又变了卦。"

刘备说："总要让他出兵才好。刘表真的出了兵，同你前后夹攻曹操，曹操也就完了。刘表出不出兵，要看工作做没做到家。"

袁绍大为兴奋，说："刘备，你说到我心里去了。我听你的，再派人到刘表那里劝说。"

刘备忙说："想说动刘表，还需要造成曹操后方不稳的形势。刘表见到有成功的可能，自然会出兵的。"

"对，是这个道理。我再派兵搅乱曹操后方，这样，刘表就有可能出兵了。不过，我真不好意思，刘备能不能再劳你大驾呢？"

刘备正中下怀，心中暗喜，说："袁绍不嫌弃，我便为你再跑一趟。"

"惊动你大驾前去，那就大有希望了。您为讨曹贼，甘冒风霜之苦，精神感人。"

刘备说："事不宜迟，我三两天内处理了杂事便出发。今晚这酒宴，既是给我接风，也算是饯行啦。为了让你集中兵力打官渡，我这回前去，只带本部人马吧！"

晚宴结束以后，刘备快速做好准备，第三天出发了。因他不打算再回来，所以不带袁绍的人马了。

刘备风尘仆仆，重新深入汝南，打算在曹操后方干出一番事业。他四处联络，获得龚都的响应。龚都是汝南一群反叛的农民，荒年打家劫舍，被朝廷称作"贼"。刘备有了龚都的帮助，如虎添翼，军队扩充到几千人，声势大振。

但是汝南的反曹势力，大都被曹仁瓦解。刘备这次的局面，比不了上次那样的轰轰烈烈。曹操只派了一名将领蔡阳，来打刘备。蔡阳比曹仁差远了，遇上刘备派来的龚都，双方交战，蔡阳被龚都斩于马下，残部四散而逃。曹操见刘备局面不大，没有再派兵前来，刘备反而在汝南站住了脚。

从此，整个官渡之战期间，刘备都在曹操后方转战。

再说袁绍送走了刘备，派出使者赴荆州游说州牧刘表，接着指挥军队南下，进驻阳武。阳武紧邻中牟县。袁军同官渡曹军越来越接近，形势紧张起来。

袁绍召集郭图、沮授等人，商议继续逼近官渡，同曹操交战，一时间没有人吭气。四个月前在黎阳商议，一片喊打声，四个月过去后，气氛大大不同。人人心里明白，白马、延津连

ZHONGWAIZHANZHENGCHUANQICONGSHU

战连败，曹操不好对付，应该想出高明的策略。

袁绍见大家不急于发言，便说："渡过黄河，深入曹占区，是大胜利。我军兵强马壮，优势在我们一边。下一步怎么行动，诸位贡献点高见吧，不必有顾虑。"

"我说吧。"沮授打破沉默，还是那副硬邦邦的样子，"现在是南北两军对峙。我们是北军，曹操是南军。从前一段战况看，两军各有优劣。"

袁绍说："当然我占优势，不过你有看法可以说出来。"

"我看呀，我北军虽然人多，勇敢比不上南军。白马、延津两仗，都是南军人少，打败了我们。但是南军也有很大的弱点，粮食少，战争资源比不上北军。我们的优势在于粮多，装备好。"

沮授竟然不提兵多是主要优势，袁绍听得很不入耳，耐着性子说："讲下去，我听着。"

沮授说："在这种情况下，应该怎么办呢？南军粮食少，时间耗不起，急于作战；北军拼粮食是优势，要拖时间整垮曹操，缓战对我们有利。一个要急，一个要缓，这就是双方的利益所在。我们要让战争持久打下去，拖垮南军，这是我们的打法，目前不必急着向官渡推进。"沮授想，问题说得很清楚了，希望袁绍听我一次建议。

瞧着似乎总不肯合作的前监军，袁绍说："白马、延津失利，是颜良、文丑大意，让曹操钻了空子。战争中的意外是难免的。为了防止出现这类情况，大军同时前进。曹操想使诈，吃掉我先锋，我没有先锋，叫他无从下口。"

袁绍又对着沮授说："你的话忽略了最基本的事实，我军兵多几倍于曹操。这么大的优势，还打持久战，岂不被天下人笑话。"

郭图也说不该持久战。最后，袁绍发话说："我决定，大军立即向官渡推进。各部连营，一齐动作，不要有哪一部孤立突出。"

袁绍对郭图、沮授解释说："我们慎重一点，大军抱在一起，不分散，免中曹操的诡计。"说完大家散了，分头行动。

中原大地上，天气还是那么酷热。袁军将士身上散发着汗臭，浑身黏糊糊的，蚊虫叮咬得到处是红疱。八月，全军向前缓缓推进。每天二十里、十里、五里，在距离官渡约十里处，完全停了下来。

将士们环顾新地方，眼前一马平川，土地荒废严重。偶尔有一排排大树，高大挺拔，直钻云天，树冠却不大，看来是冬季多风刮的。地上四处可见一堆堆的、黄黄的东西，近看原来是沙丘。随手抓上一把，沙粒细细的，随风从手指缝中吹走。大家好奇又纳闷，不知道中原大地哪里来的这些沙子。一个个沙丘或高或低，高的半人高。袁绍见了很高兴，吩咐傍沙丘扎营，借着沙丘做天然障碍物。

袁军各部队依傍沙丘建立军营，军营之间相距不远，从东到西，一字排开，形成几十里长的作战正面。军旗在风中猎猎作响，十分壮观。

这样，袁绍整军以后，以大军逼进官渡，以刘备奇兵迂回出汝南，对曹操展开前后夹攻。

针对袁军的部署，曹操也在官渡相应地设立军营对抗，以封闭官渡这个"喇叭口"。袁、曹两军主力非常接近，大战的紧张气氛骤然上升，同天气的炎热不相上下。

17. 袁军希望撞大运，每人要带条绳子活捉曹操

曹操的大营设在官渡城中。这座不大的城，是去年秋冬突击筑成的，现在成了曹军总部。

袁绍决心仗着优势兵力，首先拿下官渡城，下令做攻城准备。袁军四出，寻找大树。找到后，砍倒，锯开，按照设计图打造攻城器械——冲车和云梯。不久，一辆辆结实的冲车，一个个顶端带着钩子的云梯，陆续造了出来。

一切准备就绪后，袁绍下令试攻。一连几天，袁军展开猛烈攻击，用冲车冲撞官渡城门，往城墙上架设云梯，企图突入城中。袁军每次冲击，都被曹军打退，伤亡了大批将士，攻势收效微弱。

试攻的结果，证明官渡城防守坚固，短时间内很难攻破。袁绍很烦，饭量减少。

郭图说："官渡城守卫坚固，我军光靠地面进攻，吃了亏。我有一计，可让曹操叫苦连天。"

袁绍大喜，忙问是什么妙计。

郭图说："说穿了也简单，就是在城外堆筑土山，部队登上

土山，居高临下，让官渡城落在我眼皮底下，那时看曹操怎么办。"说着，献上了一份控制制高点的计划。

袁绍仔细看了，很满意，说："好，照你的办。"

"还有，主公忘了公孙瓒是怎么灭亡的吗？"

"真是急糊涂了。竟然忘了，还要钻到地下。这个主意好。"

原来两人说的是挖地道。

挖地道是袁军的拿手好戏。第一年袁军的易京攻坚战中，公孙瓒在易京周边筑上围堑防御，在围堑里边垒起许多高台，台上建楼，进行固守，自以为防御得像铁桶一般，万无一失。但袁军不畏艰难，进攻时，在地面用冲车和云梯攻击围堑和高台，在地下挖地道深入每个楼台下面。公孙瓒吓得说："袁氏的进攻，好像神鬼，战鼓和号角从地底下冒出来。"吓得他心惊胆战。袁军一边向前开挖地道，一边在刚挖好的地道中支上木柱，防止塌方。挖到楼台地底一半的地方就不挖了，放火烧毁楼台地下的木柱。楼台底下，一半挖空，靠木柱支撑不倒。如木柱烧毁，楼台一半便失去支撑，开始歪斜，轰然倾倒。公孙瓒见地道攻势厉害，自知必败，杀光老婆孩子，然后自杀。胜利的袁军，成了地道攻坚的能手。

现在郭图建议堆土山、挖地道，袁绍欣然依计而行。

袁军展开轰轰烈烈的土木作业。一拨部队挖地道，挖出来的土，运到官渡城北，并就地大量取土，堆土造山；另一拨部队砍伐大树，把一颗颗大树放倒，锯木成材，制成了支撑地道的木柱和瞰制曹军的高橹。

高橹，是登高瞭望敌情的楼，上端系着望楼。登上望楼，居高临下，一览无余，可以瞰制曹军，向地面部队指示攻击目标。宋代的兵书《武经总要》中刊登了用辘轳把望楼拉挽上杆顶的巢车（图10）和沿木杆攀登上顶的望楼车（图11）。这些都属于高橹家族为袁军打制的攻城器械。

袁军修建土山、开挖地道，工程浩大，一时完不了工，转眼到了八月下旬，暑气慢慢消退。曹操粮食日益紧张，士兵每天的伙食标准一降再降。曹操觉得，必须主动出战，打个胜仗，摆脱困境。

九月初一，秋风送爽，曹军全军饱食一顿后摩拳擦掌，打开城门，发起突然攻击。两军对峙以来，曹军首次大规模出战。战斗异常激烈，曹军英勇顽强，终于寡不敌众，败下阵来。

战后，曹操视察部队伤亡情况，只见到处是伤员，人们忙着救治。曹操兵力本来就不多，加上这次减员，就更少了。

曹操官渡兵力有多少？据《三国志·武帝纪》中说："曹公兵力不满一万，负伤的将士占十分之二三"。袁、曹兵力十比一。

有些史学家对曹操的兵力提出质疑。南朝裴松之认为，这是《三国志》作者陈寿想以曹操兵力少，体现战争的传奇性，不是当时真实的记录。他说："魏太祖（曹操）虽然随机应变，不墨守成规，谋略举世无双，但怎么可能凭着几千兵力，进行超时间的对抗呢？"

这个说法，乍看有道理，深入研究以后，发现站不住脚。

因为防御比进攻，所需兵力少。兵法上说："客倍主人半"，是说进攻一方的客军，要用多一倍的兵力，防御一方的主人，有一半兵力就够用了。实际上，曹操不仅主观指导能力超过袁绍，地形条件也比袁绍强。曹军兵力少，但是有官渡城保护着。三国时期，城的作用可大了。那时候，没有火炮，只有弓箭、弩之类的兵器和攻城器械，对城池的攻击力不大。

凭着官渡城，曹军以劣势兵力阻击绝对优势兵力的袁军，

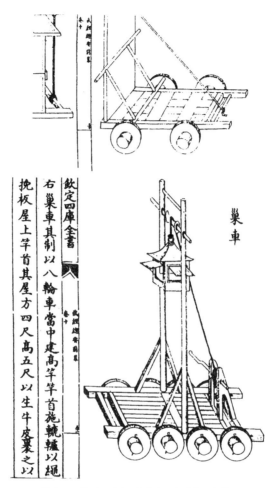

右巢车其制以八轮车当中建高竿竿首施辘轳以绳

挽板屋上竿首其屋方四尺高五尺以生牛皮蒙之以

钦定四库全书

巢车

图10　巢车（宋《武经总要》前集）

是可以做到的。后来魏国将领郝昭守陈仓城，用几千兵力对抗
蜀国诸葛亮几万兵力的昼夜攻战，也是以十分之一的部队，坚
守了二十天，迫使诸葛亮退了兵。凭十分之一的兵力，郝昭能
退诸葛亮，曹操就不能打退袁绍吗？

　　曹操官渡的兵力，史书有多处记载。《三国志·武帝纪》中
说，"时公兵不满万，伤者十二三"；《三国志·荀彧传》中记荀

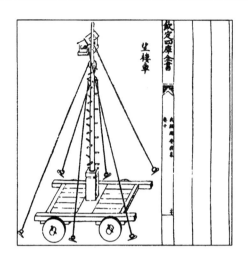

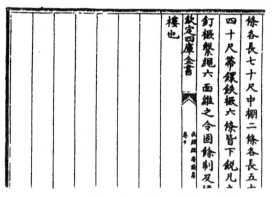

图 11　望楼车（宋《武经总要》前集）

或的话说，"公以十分居一之众，画地而守之"；《三国志·张范传》记载，"今曹公欲以敝兵数千，敌十万之众"。三个地方的记载一致肯定，官渡曹军不满一万人，《后汉书》中相关记载也相同。

至于曹操的总兵力，估计有几万。曹操境内形势不稳，需要在许都等各要地留兵，稳定整个局势，还需要留出预备队，所以官渡兵力才不满 1 万。不满 1 万，不是说曹军全部兵力只有这么一点，是指官渡前线的作战部队和战略机动部队不满一万，这些精锐的曹军可以顶好几万士兵。

何况曹操官渡的粮食紧张，兵力增加一倍，坚持的时间就要缩短一半，这更是不利的。因此，《三国志》中记载说曹操在官渡的兵力不满一万，是可信的。

曹军这次出战证明，目前还不到击败袁军的时机，出击为时尚早。曹操决心继续坚壁不战，他亲自检查防御工事，进行加固和修缮。

九月初一战斗结束以后，袁绍当天把沮授、郭图召来说："我说什么来着，曹操狡诈，架不住我兵力雄厚。这次作战，我军伤亡同曹军差不多，也许还多一点，可是我们兵力多，基数大，伤亡比例小，占了大便宜。结果是对曹操不利，对我军大大有利，曹操是拼不过我们的。"

袁绍信心大增，一扫白马、延津战后内心的阴影，决定乘胜攻击，不让曹操缓过气来。袁绍下令加速土山、地道的工程。

这个工程，袁军前前后后忙活了一个多月，终于有了结果。高橹造出很多，每几个营配置一个。从此以后，各营似乎长出了天眼，对当面敌情了如指掌。紧贴着官渡城北，又有一座人造的土山拔地而起，比城还高出一头，还修了几条上山的道路。

土山落成那天，袁绍率领随从，沿山路上了山。站在山顶平台上，只见官渡城近在眼前，城里曹军的动静尽收眼底。袁绍说："此计大妙。"又手指曹营说："曹操小儿，看你往哪里跑。"

正说笑间，下面曹营一片欢腾，只见众多士兵纷纷扛着米袋往各营走去，人来人往好不热闹。袁绍判断，大概是运粮队到了，曹营正向各营分送粮草，引起各营的欢呼。

阵阵欢呼声浪传到土山上，袁绍急令放箭。不久，一队队弓箭手脸红红的喘着气，扛着一捆捆的箭上了山，在平台上站好队形，缓了缓气，听口令向下放箭。前排放完退后，后排递进上前，一时间万箭齐发，箭去如飞蝗，霎时间，向曹营泼下一阵密匝匝的箭雨。

　　曹营虽然见到袁军逼近官渡城修建了土山、高橹，但是在分粮高兴时，不免大意，放松防备。遭到箭雨突然袭击，送米士兵四散奔逃，一些米袋插上了刺猬般的箭丛。逃不及的士兵中箭身亡，或者受伤，粮食撒了一地，同血污搅和在一起。土山上的袁军见了，高声欢呼。

　　从此以后，袁军在土山上派出值班弓箭部队，曹军一露头，便向下射箭。曹军在箭雨攻击下，十分惊慌，外出汲水、打柴，营中交通往来，都在头上顶着盾牌行走，形成一道独特的风景。

　　这些日子，袁绍心情之好，是开战以来从未有过的。他兴致一高，传下号令，向全军每人发一条三尺长的绳子，要求绳不离身。号召每人努力作战，时刻准备活捉曹操，捉到以后，用这条绳子把曹操捆起来，他将重重有赏。于是袁军将士希望撞上大运，每天都带一条三尺长的绳子，要活捉曹操。

18. 曹操制造的发石车是最早的车炮

早在一个多月前，官渡城上的曹军值班将领望见城外袁军大规模挖土、运土，便连忙报告曹操。曹操亲自上城观察，判断对方在堆土山，挖地道，立刻召集荀攸、郭嘉等人前来，商议如何采取反制措施。

曹操下了城，来到北城下，在城墙墙脚三丈来远的地上，用矛杆画出一条线，命令部队沿线开挖地沟，挖出来的土运到沟南堆山。

城外城里都忙起了土工作业。袁军人手多，动工早，官渡城外的土山首先堆成。

新堆成的山头上，袁军将士向曹军张望，只见官渡城历历在目。城里的一举一动，都在眼皮底下，刚开始将士们高兴万分，可是接着又紧锁起眉头。原来，他们发现一个秘密：城里也在堆山，这怎么行！袁军开始向城里发射箭雨，破坏曹军施工。城内，曹军士兵只好顶着盾牌运土、堆土，工程又不能停，伤亡很大，堆山进度被推迟。

经过一段时间苦熬，曹军的土山也建成了。官渡城本来不大，城中耸起一座高高的山，景色分外别致。

后来，官渡之战的风云人物风消云散了，可是这城，城中这山，兀自耸立着，只是岁月磨损，土山成了土台。北魏郦道元记载说，人们管这土台叫官渡台。台在中牟县，也叫中牟

再说曹军为修建土山，付出了惨重代价，曹操急于利用新建成的土山，打击袁军气焰。他环顾众将，一眼盯住裨将军于禁。于禁同袁绍交战以来，屡次担负重要使命，摸透了袁军的脾气，具有压倒袁军的气势。曹操把他叫到跟前说："我把守土山的任务交给你，你可不要辜负我。"

于禁欣然领命，担任土山部队的将领。他安排部队在山上轮流值班，做到山上不断人；组建了运输队，向山上送箭，送饭；在半山搭建营帐，部队吃睡都在半山。

双方土山部队展开较量，既射山下敌军，又互相对射。于禁冒着箭雨，指挥部队奋勇战斗，胆气更加雄壮。

于禁把袁军气焰稍稍煞了一下，但是，曹军依旧受到极大压制。原来，袁军土山上竖立着高橹。在高橹上俯视，视野更加开阔，曹营历历在目。高橹报告曹军虚实，指挥土山作战，相得益彰。曹军城里找不到那么多的木材，造不了高橹，吃了大亏。曹操有土山，有于禁坐镇，袁军的气焰还是打不下去。

曹操把身边谋士、武将找来，这是他的老习惯了。曹操这个人，能文能武。带兵以来，手不离书，通常白天研讨作战方略，晚上诵读经传，现在又把人召集起来，要大家出主意，找出彻底打破袁军土山、高橹的方法。

于禁说："袁绍的高橹最讨厌，我恨不得一箭把高橹射塌。"

荀攸说："对，高橹最厉害。不过射是射不塌的，难道不能想办法破他的高橹吗？"

大家正议得高兴，猛听得曹操一拍几案，喜形于色道："有

了，不过不知道成不成。"

大家不约而同地问："曹公有什么高见啊？"

曹操说："我想起春秋时候的《范蠡兵法》。那上面说过：'飞石重十二斤，为机发，行二百步'。十二斤的石头，使用机械，能打出两百步远。造这样的机械，打高橹我看行。还可以想办法打得更远一些嘛。"原来古人所说的一步相当于现在的两步，一步大约一米五，两百步相当三百米，所以曹操担心打得不够远。

于禁说："真要能打飞石，那袁绍的高橹不经打，非粉身碎骨不可。"

荀攸说："可惜啊，《范蠡兵法》打飞石的方法失传了，谁也不知道怎么造。"

郭嘉说："你们怎么都忘了，弄机械，曹公是大专家。他过去造的机械，哪个都成了标准，别人不都照着他的做吗？"

大家恍然大悟，明摆着曹操是个能工巧匠。原来曹操有个癖好，喜欢摆弄技术。他在襄邑起兵前，同工匠们一起，乒乒乓乓，打造卑手刀，被好朋友孙宾硕撞见，指责他说："你应该抓大事，不该做小事。"曹操幽默地说："能做大事，也能做小事，乐在其中。"现在，战争面临紧要关头，他重新把"小事"当作大事来抓。

曹操找了一帮人，亲自主持研制打飞石的机械。

打飞石，其实是运用杠杆原理抛掷石弹，古代叫做"飞石"。打飞石的机械，最早见于春秋末期《范蠡兵法》和《左传》桓公五年（公元前707年），秦汉以后失传了。

曹操带领大家，从发挥杠杆作用入手，设计机械。经过多次试验，用杠杆抛出了石头，起名叫"抛石车"（图12）。经过大家提意见，把它安在战车上，从固定的变成可机动的，改名叫"发石车"，是世上最早出现的车炮。

最后那次试验，荀攸、郭嘉、于禁等人都来了，一声号令，一块大石头从木杆下飞起来，远远抛出，只听"砰"的一声巨响，高台上木屑纷飞，当靶子的一辆破车子被飞石砸得粉碎。见此情景，众人无不欢呼雀跃。

因为袁军的高橹分布较广，所以曹军用发石车攻击袁军高橹。曹操每几个营配发一个，放置在平地上；另外的土山上也放置一个。曹军先攻击平地上的高橹。石头飞出以后，砸向高橹。高橹被一两块大石击中，便报废了。最后，曹军把发石车推上半山，攻击袁军土山上的高橹，因为是仰攻，难度大，命中率低，不过到最后也击中目标。

那次，四下里云集着观看的曹军将士。只见飞石飞上天，一声巨响，犹如半空中起一个霹雳，击断了高橹的木杆，木杆上的望楼失去支撑，从半空跌落下来。曹军将士最恨土山上的这个高橹，看着望楼摔下来，砸在袁军山头，扬起一片尘土烟雾，顿时叫好声四起，不绝于耳，个个称快。

眼看着高橹一个个被击碎，袁军无可奈何，不知道发石的怪物叫什么，只听得击中高橹的时候，响声震天，犹如半空中响一声霹雳，因此都叫它霹雳车。

袁军高橹被全部击碎，失去了瞰制曹军最好的耳目。只有土山还能俯视官渡城的动静，官渡城外其他曹营的情形，便无从直观。袁军享有的技术优势丧失了。曹操通过研制发石车，成了武器大发明家。

曹操研制出发石车以后，袁绍用土山、高橹控制制高点的计划，遭到了严重挫折。几天来，他愁眉不展，企图重点用地

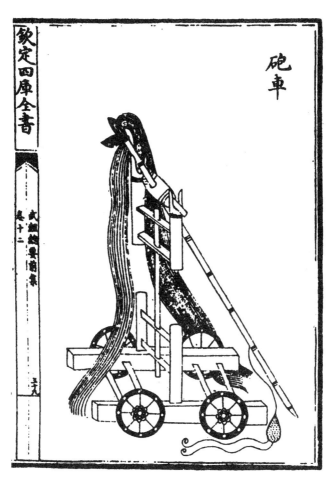

图12 抛石车（宋《武经总要》前集）

道进攻。

　　袁绍想出一计，一面下令架设云梯攻城，吸引曹军注意力；一面暗中打通地道出口，组织敢死队沿地道潜入城内，进行偷袭，内外夹攻曹军。

　　通向官渡城的地道早已挖到城墙底下待用，之所以不再向前挖，是防止过早泄露机密。现在，袁军土工作业队带着工具，进地道挖向城中。他们从地底下挖过城墙一段路以后，再向上

111

挖开出口，通到城里的地面。作业队正在向前挖，前方"嘭"的一声，随即射进一道刺眼的阳光，意外地挖通了。咦，没向上挖，怎么会挖通了？

洞口传来一阵大笑："儿子们，出来晒晒太阳吧！"

原来曹操料到袁绍堆土山的同时，必定开挖地道，所以在北城墙内侧，开凿了一道壕沟，横截袁军地道。袁军不挖地道便罢，挖地道一定经过壕沟。地道来不及通向地面，在城内侧壕沟里便暴露了。

袁军敢死队见地道暴露，企图乘曹军来不及作出反应，顺壕沟攻上来。不料壕沟极深，敢死队刚走出洞口，全都掉进壕沟。壕沟有三人深，陡峭不能攀援。那洞口上面早响起声声喇叭，洞口上方迅速赶来大部队，居高临下歼击敢死队。敢死队的将领和出洞口的士兵全部被歼，其余的不敢出洞口而逃走了。

袁绍不死心，以后变换地道的出口，企图攻进城中，但每次都遭到类似的命运，很多将领丧生。

19. 曹操在官渡苦撑危局，
萌生退兵之心

九月下旬，进入深秋。官渡大地上寒意阵阵，杨树掉光了叶子，别的树木也都凋零了。

战事表面不那么紧张，其实到了关键时刻，双方都感到越来越吃力。

袁军回想发下捉曹绳那时候，将士随身携带，憧憬着撞上捉住曹操的大运，蒙受大赏，那就一辈子享用不尽。

到了九月初一的那场大战，土山、高橹对曹营的压制，地道的进攻，曾经压得曹军喘不过气来。那时候袁军将士见了面，兴冲冲的，挥挥手中的绳子，说："今天瞧我的运气啦。"那是何等的兴奋啊！

半个月后，形势完全变样。霹雳车的巨响，高橹的灰飞烟灭，地道出口处的惨状，一场场噩梦，把袁军上下的欢乐情绪破坏得一干二净。

屈指算来，离开邺城 8 个月了。从寒意很浓的初春，经过酷热难耐的夏天，又到了深秋，全军暴露在野外，吃不好，睡不香，已经十分的疲乏。

袁绍召集人来议事。郭图、沮授等人还没有到，袁绍在等人的间隙中，信步走出大帐，帐外有支队伍正在集合。袁绍走过去，命令带队将领检查每人的捉曹绳。将领检查以后，支支吾吾报告，按要求带的不到三分之一。

袁绍大怒，正想对没有带绳的将士行军法，沮授来了。沮授看到将士惊惶失措，又有恨意，对带队将领使了个眼色，大声说："主公现在要议事，没有闲工夫管你们，以后再说吧。"将领带着队伍走了。

袁绍找人议事今天已是第三天。议题是怎样给曹军以打击。从部队多数不带捉曹绳来看，士气低落是不争的事实，光靠惩罚解决不了问题。但是如何振作起来，议来议去，找不出好办法，似乎智慧已经用光，油尽灯枯了。大家只剩下一线希望：期待曹军也顶不住了，盼着出现奇迹。

袁绍方面的判断一点不假。这些日子，曹操又喜又愁。喜的是扭转了形势，借着发石车的问世，扼制住袁军的进攻，重新获得主动；愁的是兵少粮缺，军粮的筹集越来越困难，早晚面临断炊，日子难熬啊。怎样摆脱困境呢？

曹操想，白马、延津打胜以后，主动退让到官渡是成功的，疲惫了袁军。当前取得新的胜利以后，要不要再让一步，退守许都呢？这样做，可延长袁绍的运输线，迫使袁军进一步疲惫，自己也缩短了补给线。曹操征询意见，大家认为，这也许是个好办法。贾诩却没有吭气。

曹操亲自修书一封，派人连夜递交许都荀彧。荀彧主持许都事务，退守许都必须征询他的意见，得到他的配合。何况荀彧料事有先见之明，战前说："颜良、文丑不过是一夫之勇罢了，可以在作战中把他们俘虏"。果然颜良、文丑临阵授首，证明荀彧头脑清醒，眼光犀利。

三天以后，荀彧的回信送到官渡前线，答复得真快。

曹操急切地拆开信件，浏览完一遍，这时荀攸走进来问道："信来了?"曹操说："你看。"

荀攸接信在手，大声读着："袁绍全部人马集中在官渡，企图与您决一胜负。您以极弱对抗极强，如果不能制服袁绍，一定被他制服，这是天下局势发展的大关键。"

曹操说："的确是大关键，一步都错不得。"

荀攸接着念道："现在军粮虽然少，但不如楚、汉荥阳、成皋相持期间那么紧张。那时候刘邦、项羽谁也不肯先退，先退一方态势必定不利。"

荀彧引用的刘、项相争，是秦朝灭亡以后，西楚霸王项羽和汉高祖刘邦（当时还是汉王）两大武装集团争夺天下的事。刘邦背靠关中基地，同项羽争夺荥阳、成皋，两军相持，长达两年又四个月，谁也不退。刘邦两次失去荥阳、成皋，又两次夺回，最后同项羽订盟和解，项羽引兵东归，先退了。刘邦乘胜追击，垓下一战，先退的项羽兵败，自刎乌江，刘邦坚决不先退，获得全胜，建立汉朝，死后尊为汉高祖。

曹操想起了这事，说："嗨，怎么把楚汉相争给忘了。高祖和霸王在荥阳、成皋相持，谁也不肯先退。双方订立盟约，霸王才先退了，结果先退势屈，导致他垓下之败，自刎乌江。白马、延津之战以后，我方先退了，跟这不一样。那时候没有相持，是我打胜以后先退，不影响士气。但是目前处于相持阶段，双方不分高下，谁先退，等于公开承认自己在相持中不利，会严重影响士气。荀彧说得对，相持中先退一方态势必定不利。"

荀攸继续读荀彧的信道："您用十分之一的兵力，画地而守，扼住袁绍的咽喉，使他无法前进，已经半年。袁绍情见势竭，必将有变。目前正是使用奇兵的时机，不可丧失。"

荀攸说："信上说半年。算算看，从您四月北上解白马之围，到现在九月下旬，正好半年。这半年，袁绍大军被咱掐住脖子，一直无法进逼许都。说明半年来，我们成功，袁绍不成功。"

曹操说："是啊。对于袁绍不成功，信里面说了'情见势竭，必将有变'八个字。意思是说袁军经过这半年，被我拖疲拖垮，虚实暴露，兵势衰竭。袁绍发兵的时候，气势汹汹，我们摸不着底。通过半年接触，他的底摸到了。他外表强大，其实不堪一击。他的所有计谋，我们都能对付，都能破解。半年来，袁军兵势衰竭，再也想不出什么高招，智慧差不多用光了，部队体力下降，斗志减退，行动能力越来越差。说实话，袁军已经十分疲劳了，战局可能发生变化。这就是'情见势竭，必将有变'。这八个字最要紧，是对当前袁军情况和整个战局的判断。目前形势有利于我不利于敌，正是我使用奇兵取胜的时机，不能错过。"

荀攸继续念道："再说袁绍，不过是平民里面的英雄罢了，能聚集人才，不会使用人才。凭着您用兵如神，聪明能干，加上以代表朝廷征讨的政治优势作为辅助，那是无往而不胜的。"

曹操说："过去只看到自己方面的困难，其实袁绍才更危险，还是荀彧君看得更深啊。"

曹操读信以后，处于兴奋状态。随后冷静下来，细细思考了一遍，思路更加清晰。他想，我碰到困难，就想退守许都的考虑实在太愚蠢了。

七年以后，曹操对于这一点仍然念念不忘，向汉献帝上表奏章道："荀彧不同意我退守许都的想法，终于取得歼灭性的胜利。荀彧深明胜败的关键，谋略之高，世所罕有。"这是后话了。

曹操这时又想到，上次议事，参军贾诩恐怕有话没说，应该听听他的意见。

曹操走进贾诩的营帐。贾诩不知道荀彧来信，看见曹操亲自到来，已经知道来意。曹操说："我军的粮食眼看要吃光了，贾诩，这个时候你可要帮我啊，今天我是特来请教的。"

"我也料到曹公一定要来，这两天一直在考虑这个问题。"

"汉阳阎忠是个有谋略的人物，可是我听说阎忠很欣赏你的谋略。你还在少年时代，阎忠就说你有张良、陈平的奇谋。现在到了你拿出奇谋的时候了。"

"奇谋不敢说，想法是有的。前次议事，我有初步的想法，因为不成熟，没有拿出来，现在想好了，可以拿出来了。我认为，反攻的时机，已经到来。"

这真是一语惊人，曹操兴奋地说："我洗耳恭听。"

贾诩说："您聪明胜过袁绍，勇敢胜过袁绍，用人胜过袁绍，决断军机胜过袁绍。有这四个胜过，半年不能决胜，是顾到万无一失。如果决心在关键时刻决胜，短时间内，大局就可以决定。"

曹操同贾诩击了一掌，说："好，贾诩，我听你的。"

ZHONGWAIZHANZHENGCHUANQICONGSHU

20. 曹操咬牙再坚持，要在 半个月内打败袁绍

曹操在大帐中踱步，思索如何尽快摊牌，决出最后胜负，如何进行反攻的准备。反攻需要骑兵，但是军中战马匮乏，骑兵不足。关键要靠增加马匹来解决，中原却又不产马。曾经去信，把困难向持节督关中的钟繇说过，请他在关中想办法，也是很渺茫的事。

正在发愁，只见传令兵走进来，报告说："关中来了使者，在帐外求见。"曹操让使者进来，使者进帐，递上守司隶校尉钟繇的信。曹操接过信，拆开一看，原来是钟繇报告征到二千匹马，说正在前送的路上，不日抵达官渡。曹操不料俄顷解决了难题，喜上眉梢，连说："好，好。"

曹操立即叫人，组织部队去中途迎接护送。不几天，二千匹战马到达官渡。曹操抚摸着马匹，满脸笑意，立即下令组建新的骑兵部队。曹军步兵和骑兵的比例，由十几比一，飚升到四比一。骑兵总量虽然仍然很少，但是步兵和骑兵的比例超过了袁军的十比一。

曹操扩建骑兵以后，集中精力捕捉反攻的时机、方法和突

ZHONGWAIZHANZHENGCHUANQICONGSHU

破口。这天，负责情报工作的荀攸来说："据可靠的情报，袁绍的运粮车几千辆，明后两天到达袁军前线。"

曹操眼睛一亮说："哦，谁是运粮官啊？"

"运粮官叫韩猛，性情急躁，轻敌。打他粮运，准能成功。"

"叫谁去好？"

"可以叫公明去。"

公明是河东人徐晃的字。徐晃原属凉州军事集团军，在董卓部将杨奉手下当了一名军官，官拜骑都尉。他劝杨奉从董卓部将李傕、郭汜手中夺回汉献帝，奉迎洛阳，杨奉照着做了；又劝杨奉投奔曹操，杨奉不肯，便自己归顺了。徐晃到曹操这里，屡立战功。近来同史涣一起，攻击河内郡，斩杀眭固。随曹操东征刘备。又随曹操打败颜良，攻陷白马，在延津打败文丑，由都尉升裨将军，再升偏将军。又同曹洪攻击滠强贼祝臂。徐晃既有政治头脑，又勇敢善战，善于使用骑兵，因此荀攸推荐他。

曹操同意叫史涣一起去。史涣与曹操同郡，深得曹操信任，最近同曹仁在鸡洛山大破韩猛，又同曹仁拦截过袁军的运粮车，有打败韩猛、切断敌人粮道的经验。

徐晃、史涣接到命令，当晚率部悄悄出发。两天以后，回到曹营，报告曹操说："一切顺利，大破韩猛。"

原来韩猛虽然两次被史涣等袭击，还是大意了。这回他押运粮草，过了黄河的惊涛骇浪，长长出了口气，觉得平安过了最危险的地段，离官渡大营越来越近，冷灰里爆不出火来，曹军怎敢前来老虎嘴上拔毛，便放松了警惕。

那知徐晃、史涣夜间行军，来到故市（今河南荥阳东北），白天隐蔽在韩猛必经之地设下伏击圈，等了一段时间，果然韩猛运粮车队浩浩荡荡走了过来。曹军拦头截尾，把运粮车队全

ZHONGWAIZHANZHENGCHUANQICONGSHU

部堵住，冲了过去，先在粮车的队头队尾放火。大火苗随着风势，呼啦啦地连车带粮，烧了个干干净净。

曹操听完汇报，夸奖了两人。他想，破坏袁军的粮食，也许是反攻的突破口，不知还有没有这样的机会，如果有机会，一定要牢牢地抓住。

正思虑间，有一支运粮队伍到达官渡前线。曹操接见了运粮官，询问一路上遇到什么麻烦，运粮官一一作了汇报。曹操听到他们经历千辛万苦，很受感动，和蔼地说："全体运粮人员辛苦了。这也许是最后一次运粮。再过十五天，我给你们打败袁绍，不再劳烦诸位了。"

曹操无意间泄露了军机：他被逼无奈，要以半个月为期限，完成反攻。因为粮食筹集太困难，只够支持半个月。半个月以后能不能支持，谁也不敢担保。反攻必须在从现在起的半个月内完成。

运粮官听到胜利在望，很高兴，但是被告知，军机不可泄露。

再说袁绍听到韩猛押运的粮草被烧，前方粮食紧张，十分恼怒。立即派人火速赶回后方，催促再运粮草过来，解救燃眉之急。

这天，袁绍接到报告，说后方尽其所能，筹集到一大批粮草，比上次还要多，总计装了一万辆辎重车，正从延津渡过黄河，不久即将到达乌巢囤粮处。这批以后，短时间内筹集不到很多粮草了。为了防止粮草再度被烧，请求派兵迎接，加以保护。

袁绍大喜，召见淳于琼，对他说："有上万辆辎重车渡过了黄河，正向乌巢前进。你率领一万人马前往迎接，以保证粮草安全。我们眼下的粮食全靠它了，如果被烧，后方已经不可能再调出这么多来。这些粮草，就是我军的命根子，绝不能再发生韩猛事件，千万千万！"

淳于琼领命而去，在黄河以南迎接到辎重大队，小心地护送到乌巢。乌巢南距前线四十里，是袁军囤粮的地方。粮草护送到乌巢，停在那里。淳于琼按照袁绍的要求，驻扎在乌巢，进行后勤防卫。

在淳于琼受命护粮以后，沮授、许攸也得到了消息，前后脚来到袁绍大帐中。沮授问袁绍："听说淳于琼受领了护卫新到粮草的任务？"

袁绍答道："我派他去迎接粮草，并在乌巢驻扎进行护卫。"

沮授说："从白马之战敌我接触以来，半年了，双方都很疲劳。目前粮食成了斗争焦点，无论如何，乌巢必须万无一失，派大部队到乌巢护粮，很有必要。可是淳于琼这个人心太粗，让人不放心。不如再派蒋奇到乌巢附近，同淳于琼构成掎角之势，截断曹操偷袭的后路，可以保证万无一失。"

袁绍说："你多虑了，韩猛粮草被烧以后，曹操知道我们加强了防卫，轻易不敢再来。再说这次派淳于琼去，人马达到一万，比官渡全部的曹军还多，已经万无一失。蒋奇不必再去，留在前线吧。"袁绍以委婉的口气，坚定地拒绝了沮授。

沮授见计策不被采纳，闷闷不乐地走了，袁绍也很不高兴。

许攸说："袁公不必生气。我有一计，可以叫袁公马上成功。"

袁绍怀疑，说："什么计策有这么大的效力？"

"其实，袁公不必同曹操在这里互相攻伐，用不着费这么大劲。"

"那怎么办呢？"

ZHONGWAIZHANZHENGCHUANQICONGSHU

ZHONGWAIZHANZHENGCHUANQICONGSHU

许攸笑着说："曹操兵力本来就少，又在官渡防御我军，许都势必空虚。如果大军分成两部分，一部分在官渡相持，钳制曹军主力，另一部分走别的道路，连夜直插许都，许都可以攻下。攻下许都，立即奉迎天子，以朝廷的名义，讨伐曹操。那时候袁公兵力既多，又名正言顺，大事立马就能成功。"

许攸见袁绍摇头，又说："退一步讲，许都暂时不被攻破，也叫曹操首尾奔跑，两头兼顾不暇，最后一定会战胜他的。"

袁绍摆摆手，蛮横地说："不行。你的计策倒也动听，可是我雄兵十万，难道在官渡拿不下曹操？我丢不起这个脸。我一定要在这里活捉他。"

许攸失望地走了。他想，袁公不知道吃了什么药，哪有这样打仗的，明明是好计策，硬是不用，逞蛮气，这仗越打越没希望了。当年袁公逃离京城董卓，随同潜逃的，有我和逢纪。我为他冒生命危险，一心一意帮助他。他富贵了，就这样对待同生死、共患难的人？越想越愤怒，对袁绍极度失望。

许攸回到住地，迎面撞见家人。家人从邺城赶来愁眉苦脸地说："不好了，夫人和公子下了大狱。"

许攸吃了一惊，说："什么，下了大狱？怎么回事？"

家人细说了缘由。原来许攸家在邺城，许攸随袁绍出征以后，家里人仗势犯法。在邺城主持事务的审配，把许攸夫人和儿子都投入监狱，说公事公办。这真是屋漏偏逢连夜雨，许攸本来就一肚子气，加上听到懊丧消息，气得发抖，一连说："好你个审配。"

再说袁绍拒绝许攸献策以后，有一天找许攸，许攸的随从报告说："好几天没见人影了。"袁绍叫人再去找，哪里有踪影。

许攸不见了，到哪里去了呢？

21. 敌营老朋友许攸献奇计，
曹操坚信不疑

初冬来临，连续两天大风降温，寒气骤然加重。睡在营帐里的将士，凌晨不是被冻醒，就是被钻进来的风丝吹醒。醒来时刻，露在被子外面的脸一片冰凉，鼻尖冻得生疼。进入十月有几天了。

炊将断，天寒冷，今后的日子越来越难过，反攻的突破口至今没有找到。一连几天，曹操没有吃好饭，苦思对策。这天，夜深了，曹操太累，头疼，脱了鞋，和衣躺在榻上，拉上被子假寐。

闭上眼睛，心里静不下来。忽然听到脚步声，常从士进来小声报告："司空大人，巡逻队抓到一个人，那人说是大人的老朋友，要见您。现在在门外，见不见？他说是从袁绍那边跑过来的。"

曹操睁开眼说："从袁绍那里来的老朋友？叫什么名字？"

"说叫许攸。"常从士说。

"哈哈，是许攸。"曹操掀开被子，一跃而起，三步两步，朝门外跑。跑到门口，只见门外立着三个人，两个戎装的常从

ZHONGWAIZHANZHENGCHUANQICONGSHU

士，中间一位影影绰绰的，便衣打扮，走近一看，果然是故人，曹操兴奋得大声说："许攸，你来了，我的事情成啦!"不容对方说话，曹操忽然大叫："哎呀!"

突生不测，许攸同常从士紧张得心快提到嗓子眼上了。曹操说："别慌，没什么，我踩到小石头上，把脚趾头硌得生疼。"

许攸低头细看，原来曹操光着脚，连鞋也没穿，就出来迎接客人。许攸感动地说："孟德曹操，武帝时候暴胜之，趿拉着鞋子迎接隽不疑。今天你光着脚来迎我，超过暴胜之，我可比不上隽不疑啊。"

曹操拉着许攸的手说："老朋友见面，不问我好，就跟我开玩笑。"说着请许攸进来。许攸见榻上被子散乱着未叠，说："已经睡了吧，把你好梦给搅了。"

曹操说："和衣躺了一会儿，睡不着啊!见到老朋友，更睡不着了。"

许攸说："我真正认识你，是12年前，你才34岁。那时候，冀州刺史王芬同我，沛国周旌几个人，联络豪杰，想乘着昏庸的灵帝外出巡幸河间，把他废了，立合肥侯为帝。我把秘密告诉你，争取一起干。你拒绝，说不能成功，我还很有意见。后来事情果然像你说的，没成功，王芬被迫自杀，我也差点丧命。我这才算看出，你不愧是英雄巨眼。"

曹操说："不说这个了，我们也有9年没有见面了。"

许攸说："对。那是献帝初平二年，你引兵进东郡去打天下前，我们在盟主袁绍那里分手，直到今天才见面。这九年，你干得真漂亮，成了朝廷的代表，这才是英雄本色。我很佩服你。"

曹操问："你在袁绍那里还好吧?"

许攸说："不要提了。我自从跟随袁绍反对董卓，一直对他

ZHONGWAIZHANZHENGCHUANQICONGSHU

忠心耿耿。你同袁绍争战，我也为他效力。谁知道他能够招人不能用人。我在那里是言不听，计不从，很不得志。"

曹操笑着说："其实袁绍得了你，好比老虎插上了翅膀。你给他出了什么好计策啊？"

许攸说："我知道许都空虚。叫他把大军一分为二，一部分继续在官渡钳制你主力，另一部分连夜直插许都，攻下许都，以朝廷的名义来讨伐你。那时候袁绍兵多，名正言顺，一定能成功。"

曹操大惊，说："袁绍怎么说？"

"他当然不肯采纳了。"

曹操大笑："天助我也。袁绍如果听了你的，我会死无葬身之地。"

许攸说："我出这样的计策，他还不听，呆在那里还有什么意思。谁知道在这节骨眼上，审配又把我在邺城的老婆、孩子抓了起来，我一怒之下，前来投奔你，看在老朋友的面子上，可要收留我啊。"

"那当然。你来，我求之不得。听说那边是审配在主持后方？"

"袁绍出征，把后方托付给审配。这个审配，说我家里犯了法，抓我的人。可他不照照镜子，他自己能好到哪里去了。"

"难道他知法犯法？"

"审配的宗族，窝藏罪人，好多逃亡犯逃到他的宗族里避风，谁也奈何不了他们。这事是公开的秘密，审配只许自己放火，不许别人点灯。"

曹操说："孔圣人说，'不怕少只怕分配不公，不怕穷只怕不安定'。袁家父子啊，正是犯了这个大忌，使豪强大族任意横

ZHONGWAIZHANZHENGCHUANQICONGSHU

行，亲戚兼并土地，底下小民贫穷无势，被迫代替他们交纳租税，变卖了家里财产，还是不能应付。袁绍想要百姓拥护他，以此强盛军力，这怎么可能呢！我将来占领袁绍黄河以北地区，一定要对豪强兼并加以限制。"

　　曹操的话一针见血，揭示出袁绍的施政弊端。袁绍为有钱有势的豪强大族谋利，不顾小老百姓的死活。当时，豪强大族普遍把交纳租税的义务转嫁到小百姓的头上。他们通过隐匿户口进行兼并，比如有的把上千家来投靠的人口，算在他一户里边，只出一户的税，小民一小户也出一户的税，小民不是等于代替他们交纳租税了吗？多么的不合理啊，国家也因此少得赋役，实力大损，因此曹操极力反对。官渡之战，其实也是两种利益集团的交战。袁绍代表分裂的豪强大族的私利，曹操站在统一的国家的立场上，要求限制这种私利。

　　许攸说："我既然来投你，就一心帮你。不过本初兵力盛大，我想知道，曹公如何对付？还有多少粮食啊？"

　　曹操说："粮食嘛，可以支持一年。"

　　"我知道的，没有那么多，你再说。"

　　"可以支持半年。"

　　"足下不想打败袁绍吗？为什么不说实话呢？"

　　"刚才跟你开个玩笑。其实只够一个月，你说该怎么办？"

　　"曹公目前孤军独守官渡，外面没有救兵，粮食已经快用完，这是危急的时刻啊。"

　　"确实像你说的那样，目前情况危急。"

　　"我来投奔曹公，也不是空手来的。我不白吃你的饭，我带来一份大礼，就看你收不收了。"

　　"许攸带来什么大礼呀？你来，我知道大事成功了。"

"谢谢信任。我的礼是一条妙计。"

曹操喜形于色，说："我要的就是这个。"

许攸压低了声音说："告诉你一个秘密：袁军有1万多辆辎重车，装的主要是粮食，储备在乌巢。乌巢在袁军大营北面四十里。那里是酸枣城方向，城东南有个大湖，叫乌巢泽，囤粮地点就在泽边不远。"

"不知守备部队警戒程度如何？"

"稀松得很。你知道主将是谁就明白了，是淳于琼。"

"啊，是他，那是我西园新军的老同事。西园新军有八校尉：袁绍任中军校尉，我任典军校尉，他任佐军校尉。他是个糊涂人，带兵带得稀里糊涂。"

"上次几千辆粮食被你们烧光，袁绍紧急调粮，就是这一万辆辎重。如果再被烧掉，一时半晌根本接济不上，袁军只有喝西北风了。"

"这是个极好的情报。"

"我的妙计，是用轻军偷袭，出其不意地到达乌巢，一把火烧掉粮食。乌巢的粮草是袁军的命根子，命根子没了，顶多三天，不用打他，袁军自己就败了。"

曹操大喜，说："许攸，如果计策见效，你的功劳不小啊。"

"你信我这次吧。"许攸说。

"许攸，离天亮不远，你累了，先好好休息吧。"随后曹操叫人安排许攸睡下了。

曹操一兴奋，愈加难以入睡，熬了很久才蒙眬睡去，阖眼不久就醒了。醒后，脑子里突然闪出一个念头，许攸会不会使诈？随即释然。这个人我了解，果敢有谋，缺点是爱财，跑来欺骗我，出卖朋友，还不至于。这个计策基本可行，不过还应

ZHONGWAIZHANZHENGCHUANQICONGSHU

该同大家商议。

天已经大亮，曹操马上召集人前来，详细介绍了情况，大家七嘴八舌议论开了。大多数人持怀疑态度。这个说："要提防袁绍使诈，派许攸来引诱我上钩，乘机消灭我偷袭部队。"那个说："许攸投奔我的动机可疑。他说因为袁绍不听他的，他家里人被抓。袁绍听不听他的，谁也不知道。邺城远在千里，家里人是不是被抓，一时间也无法弄明白。还不是他说什么是什么。"还有人说："把宝押在许攸身上，太危险了。"

荀攸力排众议，说："我对许攸有些了解，我看许攸可信。袁军粮草被徐晃、史涣烧了以后，袁绍肯定要紧急再调运粮草，否则大军难以支持。徐晃烧袁军粮草是在故市，乌巢就在故市旁边，许攸说袁军新来的粮草储备在乌巢，是可信的。淳于琼这个人开战以来，经常负责后勤防卫，他守备乌巢看来不假。许攸说的，根据情理和我们掌握的情报来判断，是真实的。"

曹操看着贾诩说："贾诩为何不说话啊？"

贾诩说："这是打仗，情况基本可信，就该行动，不可追求万全。如果要求情况完全得到证实，时机就错过了。时机难求啊。战争中哪能求万全呢，大家说有风险，我看这个风险值得一冒。"

最后，曹操说："大家回去随时听命令行事吧。"

经过深思熟虑，曹操判断，许攸提供的情报可信程度极大，于是，果断地下了决心：决定集中精锐，奇袭乌巢，烧毁粮草，震慑袁军，以此作为契机，展开全面反攻，夺取最后胜利。

22. 曹操率五千精锐扮成袁军，冒死深入敌后

当天午饭前，曹操召集全体将领，通报许攸归降，然后说："许攸的话是可信的。过去，许攸跟我和袁绍都是朋友，但是我跟许攸的关系比袁绍还早，我们曾经有一段生死与共的经历。许攸贪财，性子傲，觉得袁绍太对不起他，所以来投靠我。从许攸的过去看，他可以托生死，不出卖朋友。他有计谋，提出的计策可以采纳。"

曹操喝了口水，又说："许攸建议我去奇袭淳于琼。淳于琼是我西园新军里的同事，我任典军校尉，淳于琼任佐军校尉。这次战争中，淳于琼同郭图站在一起，跟沮授作对，从沮授那里分到部分兵力，自统一军。他资格老是老，本事有限，不是我的对手。我们去奇袭他，有成功的把握，我下了奇袭乌巢的决心。你们放心，我让许攸一起去，他不敢拿自己的脑袋开玩笑啊。"

众将领齐声说："愿听司空大人指挥。"

曹操宣布：鉴于官渡全军不足万人，决定调集其中精锐的步兵和骑兵，共 5000 人，以偏将军徐晃、裨将军于禁、讨寇校

尉乐进，以及史涣等为将校，组成奇袭部队，自己亲率奇袭军北上，奇袭乌巢。命令尚书荀攸和扬武中郎将曹洪留守官渡，防御袁军乘机进攻大营，迎接曹操奇袭归来。

曹操向在场将领说："奇袭部队五千人，同淳于琼军一万人相比，只是人家的一半，但是我们出动了精锐，打他个出其不意，展开火攻，淳于琼军守备不严，优势在我一方，取胜是有把握的。"

曹操又说："这回要安全并秘密行军，达到出其不意。大家来商议一下，怎样才能做到啊？"

众将领七嘴八舌，议出一个方案：奇袭部队在袁军纵深行军，要人衔枚，马缚口，不暴露自己，做到人员虽多，鸦雀无声。万一被发现，也不能让人家起疑心，出发前要打出袁军旗号，化装成袁军。途中遇到袁军询问，假说是自己人。袁军旗帜、服装过去缴获很多，这回派上了用场。

会议散后，曹操立即下令："从现在起，一天一夜内，增设岗哨，严禁任何人员离开曹营，对外封锁一切消息。"

奇袭军按照曹操的要求，下午不安排活动，睡大觉，养精蓄锐。傍晚，部队美美吃了一顿，吃饱喝足，每人均穿上袁军军装，打出袁军旗帜，携带一袋干粮和一束薪柴，由曹操率领出发了。许攸也跟着同去。

奇袭部队离开曹营以后，由熟悉当地地形的向导带路，朝着东北方向，专拣崎岖小路走。

出发时，四周的景物便朦朦胧胧看不清。奇袭部队神不知鬼不觉地直取东北方向的目标。部队高一脚低一脚地行进着，前头打着缴获的袁军旗帜。每个人嘴里，横过来含着一根叫做"枚"的木条，形状像根筷子，两头系着绳子，连在脖子上。人人成了哑巴，无法张口，无法喧哗；马嘴也带上笼头，无法张口嘶叫。猛一看，这是一支袁军部队在行军，只发出轻微的"嚓嚓"的走路声和"嗒嗒"的马蹄声。

一路上，只有星星像鬼火似的眨着眼，偷窥着这支队伍。

部队出发以后，首先过了渠水。渠水是官渡北面的一条河流，在官渡前方的一段叫做官渡水，是袁、曹两军的分界线。部队过渠水以后，进入袁军前线阵地。这里，袁军兵力部署较多，是一路上最危险的地段。为了迅速通过危险区，部队开始快速行军，尽可能绕开袁军的营帐走。

五千人马也是一支浩浩荡荡的队伍，即使乘夜行军，也难以完全掩藏。突然，先头部队同袁军的巡逻队遭遇。

"什么人？"

"自己人。"

"哪一部分的？"

"蒋奇军。"

"从哪里来？"

"从前边来。"

"到什么地方去？"

"到乌巢方向去。"

对方小声叽叽喳喳一阵以后，来了一名官员，问："到乌巢做什么？"

"袁大将军怕曹操偷袭后方军，派我们到那里去加强守备。"

那官员见打的是袁军的旗帜，又听了这番话，认为确是实情，说："各位不要见怪，上面担心曹军偷袭，派兄弟这个差事，不得不查。各位多包涵，请走路吧。"

那官员放行以后，奇袭部队沿途又遇到两三处盘查，都用

ZHONGWAIZHANZHENGCHUANQICONGSHU

ZHONGWAIZHANZHENGCHUANQICONGSHU

这个办法，顺利通过，没有暴露。

奇袭部队整夜走路，一路上又渡过阴沟水和济水。这两条河流尽管不太宽，但过河也很费事，主要是船只有限。

船只是打前哨的小分队弄到的，他们早来了半天，带了绵绢，偷偷地筹集船只备用。原来东汉末年，战乱频繁，经济萧条，五铢钱废除不用，用绵绢代替钱来使用，实行以货易货，实物交易。小分队带着绵绢，作为筹集船只付给人家的报酬。

由于早有准备，奇袭部队一到河边，就有船只可渡。船只不多，五千人马渡河很费时间，暂时轮不到过渡的，在河边默默地休息。部队没有专门安排休息和吃饭，大家见缝插针，抓紧休息；或者在冷风中无声地吃着干粮，解开马嘴，给战马喂足草料。人马赶路时还不觉得冷，一歇下来，便感到寒气逼人，有的人甚至浑身打起哆嗦。时值冬令，又是深夜，寒气越来越盛。

曹操率领奇袭部队在封丘（今河南封丘西南）以西渡过济水以后，松了口气，前面再没有河流挡路了。向东北方向走了一阵，只见前方地面渐渐闪出一派星光，原来是湖水的反光。再走一阵，隐隐约约看见一个深黑色的大湖，呈现在面前。曹操知道，进入酸枣县（今河南延津西）东南乌巢泽地区了，淳于琼军和袁军囤粮邸阁（仓库）就在附近。曹操密令部队原地休息，派出侦察分队探明情况。

不一会，侦察分队回来，根据现场侦察和俘虏交待，报告了袁军囤粮的具体位置和防卫兵力的大致部署。原来邸阁距离乌巢泽不远，外围部署着淳于琼军，主将淳于琼的大帐就在这里。附近还有两处驻扎着兵马，同大营构成掎角。

曹操率众将悄悄接近淳于琼大营。远远望去，只见周围构筑了一些栅栏和简易墙，驻扎着淳于琼军，粮库就在里面。

察看地形以后，奇袭部队吃饱喝足，摩拳擦掌，准备大战一场。曹操向各将领作出进攻部署，令徐晃、于禁、乐进全力攻击淳于琼大营，史涣等率少部分兵力阻击另外两处兵马，阻止他们增援大营。徐晃、于禁、乐进接受命令以后，指挥部队秘密包围淳于琼大营，把携带的薪柴涂上膏油，点燃，扔进或者射进营垒。只见上千条火把在夜空中飞向大营，大营的栅栏和营帐碰上火苗乱蹿的薪柴，劈里啪啦着了起来。霎时间，火焰四起，映红了黑夜中的半边天（图13）。

紧急的鼓声响起了，奇袭部队乘势高声呐喊，发起进攻，有的翻墙进入营垒，有的从破损的栅栏处冲进了营垒。淳于琼军值夜班的守卫突然遭到攻击，大惊，拼命抵抗。

大营中一片慌乱，将士在睡梦中被惊醒，惊慌失措，各处响起嘈杂的声音，发现遭到火攻，情况紧急，慌得大喊大叫，连营垒外面的曹操都听见了。曹操喜在心头，营垒中乱喊，是个有力证据，证明袁军军纪不整，淳于琼治军不严，战斗力不强，印证了事前对敌情的判断。

营垒着火以后，淳于琼从睡梦中被唤醒，只见帐外一片红光，劈里啪啦响，知道着火了，他一边穿衣一边急喊："快，快，快救火。"

他走出大帐，天色黑

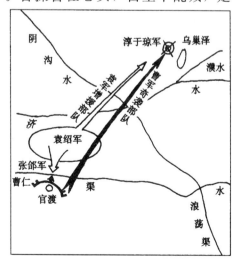

图13　奇袭乌巢图

ZHONGWAIZHANZHENGCHUANQICONGSHU

暗，火光冲天，接着又听到四下里惊天动地的鼓声和厮杀声，才知道并非不慎失火，原来是曹军大举攻来。黑夜中不晓得来了多少人马，但是那万马奔腾的气势，说明人马绝对少不了。淳于琼急忙叫人传令："通告各营，一面救火，一面死守营垒，一定要死守。"他急忙披挂，在大帐里进进出出，乱了好一阵，才渐渐安定下来。

淳于琼走到帐外，望着天色渐渐亮了起来，正是拂晓时光。直到这时候，大营将士才戎装整齐。淳于琼登上高台，远望大营外面，朦朦胧胧的，看不很清楚。火光中见到影影绰绰的曹军部队，正在组织进攻。不久，天空泛出鱼肚白，淳于琼把营外曹军看个明白，大喜，原来曹军人马较少，并没有预想的那么多。

淳于琼权衡了利弊，认为我众敌寡，顿时来了精神。他挥军出了营门，列阵要同曹军决战。到了大营外面，看清曹军中央竖立的旗子上，写着斗大一个"曹"字，惊出一身冷汗，原来是曹操亲自领兵到来。淳于琼同曹操是老同事，深知曹操的军事才能，生恐讨不了好，心中产生怯意。

曹操急忙指着出了营门的淳于琼，对众将说："快，送上门的礼物，谁去取来。"

张辽大喊一声："末将去。"挥军指向对阵，只见马蹄翻飞，步兵跟进，呐喊着冲了过去。张辽冲了一阵，回到本阵。乐进请命又率本部冲阵。淳于琼阵中虽然兵多，哪里经得住两员猛将部队的冲击，阵形早乱了。淳于琼见势不妙，急忙鸣金收兵，退回大营。

淳于琼匆匆派人骑快马去官渡大营，向袁绍报告，请求援兵及早到来。同时死守大营，再也不敢出营门一步。

23. 乌巢地方火光冲天，三天后袁军将断粮

曹操奇袭乌巢当天的上午，袁绍同长子袁谭正在大帐中。突然快马来到，报告乌巢遭到曹操袭击，袁绍一惊，说："我料曹操不敢劫粮，不料竟然亲自去劫粮。"

袁谭问："父亲，您打算怎样解救乌巢？"

袁绍思索了一会说："将计就计，曹操以精锐奇袭乌巢，大本营必然空虚，我马上用重兵攻击曹操大本营，端掉他的老巢。"

"为什么不拿重兵去救乌巢呢？您不怕乌巢被攻下吗？"

"他要是攻下乌巢，我就端掉曹操的大本营，让他无家可归，孤魂野鬼，不失败还等什么呢？"

"事关重大，不如征询一下大家的意见。"

"好吧。我也想听听我的想法合适不合适。"

袁绍叫人找来郭图、沮授、张郃、高览等人，把乌巢遭到偷袭以及自己如何将计就计说了，问大家有什么意见。

张郃说："奇袭乌巢曹操亲自出马，攻势凌厉，骑兵多，淳于琼估计劫粮的曹军有七八千人，我看五六千人是有的。种种

迹象表明，曹操派去的是精兵。"

郭图附和袁绍说："曹操叫精兵去攻乌巢，好像对我不利，其实正好相反，去的精兵越多，才越好呢。"

袁绍听了，符合心意，说："你是从全局来看问题吧？"

郭图说："袁公英明。曹操把精兵派到乌巢，大本营兵力被抽空。这一次，曹操不小心露出了破绽。"

袁绍说："这个破绽还不小。"

郭图说："是的，要狠狠抓住这个破绽，叫他顾得了头，顾不了尾。"

沮授说："我最担心乌巢，全军粮食都在乌巢。"

张郃也着急地说："曹操把精兵调到乌巢，淳于琼恐怕不是对手，不派大军救，乌巢早晚会失陷。"

郭图说："要把眼光放远些。"

张郃说："乌巢丢了，短时间再没有粮食调来，大伙吃什么？瞧见过洪水冲破大堤吗？一溃千里。乌巢这个大堤冲破了，军心一乱，不可收拾，袁公您的大事就完了。我建议，眼下先派重兵救乌巢。这是关键，十万火急。"

郭图说："张郃的计策是错的，应当以重兵进攻曹操大本营。曹操听说大本营被攻，怕丢失，顾不得攻乌巢，一定回兵相救，乌巢之围便解了。这是围魏救赵之计，不救乌巢，正是救乌巢。"

郭图是主要带兵将领，袁绍很欣赏郭图的见解。张郃忍不住说："曹操大本营坚固难攻，短时间一定攻不下来。如果淳于琼被捉，我们势必跟着成了俘虏。"

袁绍说："不要争了，我的主意定了。乌巢要救，曹操大本营也要攻，重点是攻大本营。我命令，张郃、高览率领重兵去攻曹操大本营，一定要乘曹操不在，把它攻下来，马上行动吧。"说完，又派一支轻骑兵火速去救乌巢。

　　郭图是主将，如果他坚决反对袁绍的主张，袁绍有可能放弃。郭图不愿意这样做。他想，只要顺着袁绍，自己也像沮授战前那样总监三军，是有可能的。

　　张郃、高览接受命令后，命令部队提前吃午饭，饭后携带着高橹等攻城器械出发。救乌巢的轻骑兵午饭也来不及吃，带上干粮就向乌巢急驰而去。

　　在乌巢，双方攻防激烈，进入胶着状态。

　　淳于琼退回大营以后，固守不出。淳于琼兵多，又有垒墙、栅栏为依托，奇袭部队手头没有笨重的攻城器械，形成易守难攻之势，曹军组织了多次攻击，没有攻下，双方激战了将近一天。

　　太阳偏西，曹操已经摸清了淳于琼军的作战能力和弱点，见淳于琼军抵抗意志减弱，营垒出现多处损毁也来不及补上。而自己的将士仍然保持着旺盛的斗志，认为这是极为难得的时机。否则拖下去，自己的将士一天一夜没睡觉将极度疲乏，淳于琼营垒的损毁将修补好，袁绍支援部队将到来，形势将变得不利。于是，曹操决心抓紧时间，从营垒损毁处冲开缺口，扩大战果，迅速解决战斗。

　　曹操重新调整了进攻部署，把全部兵力包括预备队都用上，命令偏将军徐晃攻右，裨将军于禁攻左，讨寇校尉乐进直取淳于琼中央大帐，限令晚饭前冲开缺口。

　　各将领回去以后，在部队里用重金招募勇士，组成敢死队。敢死队穿上曹军仅有的铠甲，一手拿着盾牌，一手拿着长矛，在前冲锋。奇袭部队都是精锐之兵，富有多年攻战经验。他们展开了一天里最为猛烈的攻击，曹操亲自在前方督战，他的帅

ZHONGWAIZHANZHENGCHUANQICONGSHU

旗在第一线飘扬。曹操叫击鼓手把战鼓擂得响一些，希望在袁绍援军到达前取胜。

袁绍的援军都是轻骑兵，一路上马不停蹄，从济水和阴沟水交汇处渡河，少渡了一次河，速度更快。傍晚，乌巢在望，隐隐约约听到了前方传来的厮杀声。骑将传下命令，做好战斗准备。

曹军侦察兵发现袁绍派来的援军，飞马赶到前线报告。曹操左右接到报告不敢耽搁，立即报告在紧张督战的曹操说："司空大人，袁绍援军来了，距离三里，来的都是轻骑兵。请您下令，分出兵力迎战。"

这当口，奇袭部队的突击，正进入关键时刻。寒风中，曹操额头冒出细细的汗珠，听了左右的报告，额头上青筋突起，发了怒，骂道："什么时候变得这么啰嗦！"挥了挥手说："敌人到我背后，再报告。"

奇袭部队将士在曹操严厉的监督下，奋勇作战，敢死队员都拼死战斗。乐进的敢死队首先杀进大本营营门，乐进率军冒着箭雨跟进，也冲进了营门。曹军战鼓齐鸣，大声欢呼。淳于琼军气馁，步步后退。不久，淳于琼大帐前的将旗倒了下来。淳于琼军目睹大势已去，抵抗顿时变得软弱无力，奇袭部队一鼓而下，控制了全局。

曹操急令，调一支队伍迎战袁绍援军。这时候，援军轻骑兵来到淳于琼营垒前，亲眼见到大败景象，哪里还有奋战决心，交手几个回合，便旋风般地败走了。

曹操在许褚等人的护卫下，进入淳于琼营垒里，穿过座座军营，直奔辎重区，只见那里密匝匝排列着无数车辆，一车车都是粮草以及其他物资。曹操下令，立即放火。奇袭部队向车上浇了膏油，点上火，火苗蹿了上来，黑烟冒起，腾空而上。

在一片劈里啪啦声中，奇袭部队欢呼着，发觉火光是那么美，蕴涵着那么多的希望。

在升腾的烈焰中，曹操从许攸献计以来高悬的一颗心落了地。许攸站在曹操身旁说："袁绍营中，只存三天现粮，三天以后，将士就断粮了。"

曹操大笑，说："皇帝不差饿兵，看他袁绍怎么办。"

许攸说："所以我说乌巢粮草烧掉以后，不出三天，袁绍必败，也就是说，明天、后天、大后天这三天之内，整个战事可以见分晓。曹公你做好迎接胜利的准备吧。"

曹操哈哈大笑，拍着许攸的肩膀说："老朋友，多谢你啦。"

许攸说："我从袁绍那里来投你，还被当做老朋友，是我的福气；相信我的计策，是你的福气。"

曹操亲热地晃着许攸的肩膀说："我们两人都有福啊。"

天开始黑了。曹操一边传令，清点战果，一边回到淳于琼的大帐中。不久，各将领前来报告战果，经点验，作战中斩杀了淳于琼属下的督将眭元进、骑督韩莒子、吕威璜、赵叡等将领，献上了他们的首级，作战中杀死淳于琼军的士兵一千余人，按照指示，都割了死者的鼻子，俘获的牛马割下了嘴唇和舌头，装在4只大筐中，抬了进来供查看。

天完全黑了。乐进率两名曹军士兵，押着个人来到大帐中。被押那人，袁军士兵服装打扮，一副苍老、疲惫的样子，脸上血肉模糊，鼻子也被割掉了。曹操随意说了句："怎么把活人的鼻子也割下来了？"

乐进说："他混在死人堆里，装死，我们不小心把他鼻子也割了。他大叫喊疼，才发现是个活的。据投降的人说，他不是一般的人。"

ZHONGWAIZHANZHENGCHUANQICONGSHU

"是吗，我看看。"曹操认真看了看这个人，一声惊呼："淳于琼!"

仲简是淳于琼的字。淳于琼看曹操认出了他，又看到许攸站在曹操身旁，明白了事情是怎么回事，低着头不说话。

曹操说："嗨，老朋友见面，不打不成交。你怎么到了这个地步？"

淳于琼暴躁地说："胜败在天，天意要我败，何必多问。"

曹操说："我们多少年没见了？老朋友相见，百感交集啊。"

照曹操军规，被俘将领一般是要杀头的。许攸见曹操动了旧情，想留淳于琼一条性命，连忙把曹操拉到一边，悄悄地说："明天早上他一照镜子，看到没鼻子，会记恨一辈子的。"

曹操悚然一惊，从旧情中清醒过来，喊道："乐进，把淳于琼推出去成全了他吧。"乐进领命，不久，回帐中献上淳于琼的首级。

曹操说："按将军礼葬，树碑。"

随后，曹操在淳于琼墓上简单致祭，完了故人之情。

奇袭部队清理战场以后，美美地饱餐了一顿，由于一天一夜没合眼，有的士兵没吃完便睡着了。曹操传令，抓紧时间休息，明天一早行军回营。

奇袭部队都是年轻人，行军、激战一天一夜以后，两个眼皮不停地打架，血战之后，最渴望睡觉，大家倒头呼呼睡起来。第二天清晨，奇袭部队循着原路，急速向曹营进发，都想早点到营地。

就在奇袭部队睡觉的时候，袁、曹战争形势急转直下。曹操虽然有所预见，也料不到自己还没到营地，战局已经变成了另外的样子。

24. 张郃遭诬陷阵前投降，曹操 大喜比作韩信归汉

　　战局大变，同张郃有关。

　　张郃、高览上午受命攻击曹操大本营任务以后，中午不到，来到曹操大本营前。

　　张郃叫人向城中喊话："曹军听着，你们城里头没多少兵了，我攻城大兵是你们的十几倍，你们守不住了。赶快投降吧。"

　　城上说："请你们主将前来，曹洪将军有话说。"

　　张郃走近城下，只听城上一员将领说："是张郃将军吗？你是城下的常客，我是曹洪。告诉你，今天你不该来，乌巢快完了，你们马上要饿肚子，别在这里吹牛皮了。赶紧回去，省点力气吧。"说完一阵箭雨射下，城上传来一片嘻嘻哈哈的笑声。

　　张郃听着这话，刺心地疼，不再喊话，把手一挥，云梯、冲车向城下推过去，立即展开攻城。城上射下密集的箭，好似在城下下了一阵暴雨，霹雳车发射飞石，响声震耳。袁军高橹损毁严重，云梯、冲车也一直接近不了城墙。

　　战到傍晚，一支部队攻到城下，架云梯，开始攀城，被城上打退了。张郃十分恼恨，传令部队暂时休息，对高览说："今

ZHONGWAIZHANZHENGCHUANQICONGSHU

天有点邪门，部队劲头好像没有平时高，你去暗中了解一下，怎么回事。"高览去了。

不久，高览回来同张郃一起吃晚饭，谈起部队中盛传乌巢情况不妙，将士都担心粮草，说乌巢是全军唯一的指望，万一有失，不等曹操前来，大家早饿死了。

张郃说："原来如此，我说部队今天怎么提不起精神来。"随即叫人传下去说："部队不许议论乌巢，要集中精力想办法晚上攻城。"

传令人走后，张郃说："今天晚上夜攻，不管曹营多坚固，咱们要使出全力。"

过了一会儿，张郃又说："说实话，我也很惦记乌巢的，救兵估计到了，不知有没有解围。这事无论成败，都关系到咱们作战。乌巢那边胜了还好，败了，可麻烦了。我来的时候，向乌巢派去了快马，一有动静，随时报信。快有消息了，等着吧。"

高览说："袁公指望攻下曹营，使满盘皆活。可是曹营攻了一个来月了，没有攻动，哪能说攻下就攻下。攻不下，咱们不知道落个什么结果呢，袁公的脾气，你不是不知道。咱们奋力攻营，可是也得留出一只眼睛，盯住袁公大营的动静。"

张郃说："放心吧，我在大营有人，走之前我交代了，有情况随时报来。"

就在张郃、高览关注乌巢和袁绍大营动向的时候，袁绍大营也在关注张郃和乌巢。

晚饭的时候，袁绍了解到张郃、高览没能攻下曹营，暴躁地说："告诉张郃、高览，不惜一切牺牲。这当儿曹营空虚，白天攻不下，晚上一定给我攻下。"

袁绍焦急地说："援兵该到乌巢了，也许有了结果。一有情况，你们随时报告。"

郭图劝袁绍假寐一会说："一会儿两边的情况来了，您就忙了。乘空养养神吧。"

袁绍精神亢奋，说："我不休息。曹军大营攻下，全盘就胜了。张郃那里是关键，你去督战吧。"

郭图说："重点攻击曹营的决策英明。我一定督促张郃、高览拿下曹营，不让您失望。"

郭图走后，袁绍随手拿了本《东观汉记》，这是他平时喜欢读的东汉当代史，却读不进去。他知道，决定性的时刻马上到来，他既兴奋，又夹杂着恐惧。

夜深了，袁绍毫无困意，前方几次来报，郭图、张郃那里还没有进展。正惦记乌巢，只听大帐外人喊马嘶，支援乌巢的将领闯进帐来，跪在一旁，袁绍心里一凉，只听那将领说："主公，我军傍晚到达，乌巢已经丢失，我军力战，怎奈曹军兵多，无力夺回了。"

袁绍问："淳于琼将军呢？"

"据说被俘了。"

袁绍烦躁地挥挥手说："战败之罪，等情况弄清楚再治，先下去吧。乌巢的消息要严密封锁，不得向军内泄露，否则严加治罪。"

不多时，多起斥候从乌巢赶回来报告："乌巢着了大火，空气中焦糊味很浓，大概是粮草被烧了。"

袁绍丢了乌巢，才觉出它的重要：今后大军的粮食从何而来呢？现在唯有指望前方，前方却毫无进展，以十多倍兵力不能取胜，详情不明。他派人召回郭图，商议对策。

派的人还没到达前方，前方已经获知乌巢失陷。那时候，

ZHONGWAIZHANZHENGCHUANQICONGSHU

张郃、高览正在同郭图商议改进攻城的办法，张郃派去的快马从乌巢回来，报告乌巢失陷，粮食被烧。这个消息犹如平地一声雷，把三个人惊得一下子愣在那里。

张郃悲愤地说："好，好，好。这回成了真的。"想到全军将由于断粮遭到失败，他把拳头重重捶向几案。

高览说："郭将军，您亲眼见到，曹操大本营坚固，短时间难以攻下。乌巢失陷，士气低落，更难攻下了。"

张郃说："失去最后的粮食，我军的前途太可怕了。"

郭图两腿发软。他想，原来张郃是对的。他惭愧地说："我出的主意糟透了，现在后悔也晚了。"

这时候，袁绍派来的快马到达前方，传袁绍命令，请郭图立即赶回大营。郭图别了张郃、高览，一路上想到自己应承担战败的后果，取沮授而代之的计划落空，又不甘心。他想，如果张郃攻下曹操大本营，尽管乌巢丢了，自己还站得住脚，但是从前线的形势看，暂时是攻不下的。

于是忌妒、怨恨一股脑朝向张郃发泄。张郃当着袁绍的面同他唱反调，唱对了，他忌妒；张郃攻不下大本营，对他本人太不利，他痛恨。一路上想好对策，为了保住自己，别无他策，只好把责任往张郃身上推。

来到袁绍大营，袁绍说："乌巢丢了，我找你来商议对策。目前的关键，是攻下曹操大本营。攻下，可以转败为胜，可是为什么重兵攻不下来啊？"

郭图说："我到前线看了，攻了一天，没有战果，原来是部队攻击无力，作战不肯拼命。"

"你督促张郃、高览，让他们尽快拿下大本营嘛。"

"我也是这么做的啊，可是他们心不齐。"郭图说。

"什么，心不齐？"袁绍说。

"他们对袁公的处置意见很大，尤其是张郃。听说乌巢失陷，不感到难过，反而说'好，好，好'。大概证明了他正确吧，他很高兴，总是盼着乌巢失败。袁公想想，这副心肠，能指望攻下大本营吗？部队攻击无力，根源就在张郃。"

袁绍恨恨地说："原来如此。我说呢，用绝对优势的兵力，怎么攻不下来呢？张郃呀张郃，我没有亏待你，你从韩馥那里率兵归顺我，只是个军司马，我提拔你做校尉，又升为宁国中郎将，待你不薄，为什么关键时刻拆我的台？你拆我的台，我决不轻饶你。"

这时候沮授进来说："主公，乌巢失陷传遍了部队，议论纷纷，要及时安定军心才好。"

夜深了，袁绍大营灯火亮着，袁绍等人商议，如何在困难时刻稳住部队。

前方张郃营帐中灯火也亮着，张郃、高览一夜没睡，他们得到更为吃惊的消息。原来张郃在袁绍大营的亲信派人飞马通知，郭图向主公进了谗言，主公已经相信了，请早做防范。

张郃听到以后，大惊，对高览说："我军失败就在眼前，谁来背失败这个黑锅呢，最高决策层也定了下来，那就是鄙人。"

高览说："你说得对。黑锅你是背定了，我也跑不了，有我一份。"

张郃说："郭图本来是个小人，不去说他。主公可让我太伤心了，我对他一片忠心，才违反他的意志，坚持主张重兵救乌巢，谁想成了替罪羊，这回说不定脑袋不保。"

高览说："沮授将军也违反了主公的意见，说了真话，兵权都丢了。"

张郃说："跟着主公，我很寒心。听说曹操就不这样，求贤若渴。我现在才明白，荀郃、郭嘉很聪明，早看穿主公的毛病，几年前就离开主公，投奔了曹操。"

两人沉默了很久，高览说："现在觉悟也来得及。"

张郃说："你是说学荀郃和郭嘉。"

高览点点头，张郃一拍几案说："好，学。不是咱们不义，是主公无情，咱们也是被逼无奈啊。"

张郃、高览找到出路，松了口气，再一看，天亮了。两人立即做部队的工作，并向曹操大本营派去使者。使者来到城下，向城上大喊，说张将军有要事求见。曹洪放使者进了城，使者把二将愿意投诚和为什么投诚的原委，向曹洪作了详细说明。张郃、高览又下令把攻城用的高橹通通推到曹军城下，当着曹军的面，点上火。高橹着了火，火苗乱蹿，顷刻烧成一条条火龙，一顿饭的工夫，焚烧得一干二净。城上曹洪亲眼看着焚烧，曹军拍手欢呼。

曹洪接受守卫大本营的任务以来，率领留守的三千多官兵，全力防御张郃的攻击，将近一天一夜。昨夜接到曹操派人传来的情况通报，知道奇袭乌巢得手，大为高兴。心想曹操快回来了，在回来前，自己要千万小心，不要出纰漏。

今天清早，接待了张郃派来的使者，声称张郃、高览愿意投诚，曹洪大感意外。虽然使者的解释，合情合理，但曹洪还是觉得太突然，迟疑了好一阵，不敢接受张郃投诚。他找荀攸商量，荀攸跟他一样，负有守卫的任务。

荀攸见曹洪不敢受降，笑着说："曹洪，你多虑了。"

"我是怕他诈降。"

"张郃向袁绍献的计策是对的，如果实行，乌巢的情况还很难说。张郃的计策，关系袁绍的成败，不被采用，反而受到谗言，一怒之下，前来投诚，您何必怀疑呢！"

荀攸是有见识的人，曹操都很佩服。曹洪见荀攸如此主张，便接纳了张郃、高览的投诚。上午，张郃、高览率部队前来投诚，进入曹操大本营，受到热情的接待。

张郃、高览前脚进了大本营，曹操后脚就率奇袭部队回来了。

曹操一脸喜色，听说张郃等刚刚来投诚，马上接见了他们。张郃诉说了投诚原因，曹操握着张郃的手说："你来对了。记得春秋时候的伍子胥吧，那么优秀的一员战将，不早觉悟，终于被吴王所杀，我很高兴你避免了伍子胥那样的命运。"

曹操又说："伍子胥不聪明，比不上从前的微子离开殷，韩信归汉。你离开袁绍，是微子离开殷。你到我这里来，我奉汉天子命令征伐，是韩信归汉呀。"曹操开怀大笑。

荀攸说："奇袭乌巢，张郃归汉，这两件事足以瓦解袁军。"

曹操说："张郃归汉，立了大功，我将上奏天子，拜你为偏将军，封都亭侯。"又对荀攸说："我路过袁绍军营，派人给他送上一份厚礼。马上有热闹好看，通知全体将领，我要部署出击。还要告诉全军，战势即将发生根本的改变。"

ZHONGWAIZHANZHENGCHUANQICONGSHU

25. 袁军土崩瓦解，袁绍扮成平民逃过黄河

　　乌巢粮草被烧的消息不胫而走，袁绍越封锁，消息反而传得越广。消息牵动袁军每一个人，将士偷偷议论，曹军太厉害了，一天之内，消灭了淳于琼一个军。熟悉内情的人透露，乌巢是最后储存的粮食，大火烧光以后，神仙也变不出来。一想到几万大军即将断炊，将士们不寒而栗，陷入绝望。

　　乌巢失陷的第二天上午，营门外突然来了曹操的使者，抬来八个大筐，蒙着红布，还有一封信，说是曹司空送给袁大将军的厚礼。袁绍命收下，随从走向一个大筐，揭开蒙在筐上的红布，引起在场人们的一声惊呼，原来大筐里满满的装着血淋淋的鼻子。揭开其他7个大筐，其中有3筐鼻子，4筐牛马的唇舌。在场的人顿时明白了，这些是乌巢兄弟的血肉，是运辎重的牛马的唇舌。再看来信，信上说得更清楚，一共1000只鼻子，外带4筐牛马唇舌，供袁大将军留作纪念。如果不向天子投降，便叫你们统统变成筐中之物。

　　袁绍叫人迅速掩埋，做得秘密点，别让部队知道。但是这样轰动的事情，哪里保得住秘密，不一会满营皆知。将士私下

里议论纷纷，十分恐惧。开战以来，曹军善战，无人不知，斩颜良，诛文丑，灭淳于琼，下一个不知轮到何人。人们不由自主地摸摸鼻子，没了这玩意儿，回了家老婆都找不到。许多人打起小算盘，跟曹军作战千万别叫抓住，紧要关头，溜之大吉为妙。

鼻子风波还没结束，又传来张郃、高览二将降曹。这消息犹如平地一声霹雳，把将士打蒙了。颜良、文丑以后，张郃是军中唯一名将，竟然被逼无奈，投降曹操。张郃之后，再没有善战的将领了。一无粮食，二无名将，连战连败，袁军无路可走，到处人心惶惶。

战争是人才的竞争。袁绍用庸才淳于琼，导致失败，接下来不善于使用英才张郃，同样导致失败。人才竞争袁绍失败了，整个战局跟着大败。

袁军连续发生几起无故自惊事件后，袁绍召开紧急会议，商讨下一步行动。有说不退必败的，有说一退态势极端不利，等于承认失败的。郭图、沮授拿不出好办法，袁绍左右为难，下不了决断。一些部队不等会议开完，暗自准备，决定一有动静，自行撤离，首先保存自己。

两种意见争论得正激烈，斥侯跑进大帐，报告袁绍说，曹军大部队来了，看样子要发起大规模进攻。沮授说："袁公，不要再议了，马上组织迎战。"袁绍说："好。是留是撤，同曹操打完仗再议。大家回去准备应战。"

袁军急忙出战，只见尘土飞扬，曹军远远杀来。

原来乌巢大捷和张郃来降以后，曹操获知袁军慌乱，决心展开大规模反击，荀攸、郭嘉等人也都支持连续作战。曹操回大本营没有休息，便发起了反击。

ZHONGWAIZHANZHENGCHUANQICONGSHU

曹军慓悍的骑兵冲在前面。袁、曹两军对阵，袁绍位于阵中央指挥。曹军先锋高喊："割鼻子，割鼻子。"一路冲杀过来，所向披靡。袁军失去信心，不愿再战，纷纷溃退。霎时间，袁军阵形不整，旗帜混乱，有的倒拖着，士兵四散奔逃。将领大多数无心再战，率领部队拼命后退，尽可能保全实力。

沮授对阵中央的袁绍说："袁公，我到前方阻止部队退却。"袁绍同意，沮授逆人群向前，转眼淹没在溃散的部队中。袁绍站在高处，大声喊着，制止部队后退。部队不听他的了，即使有人服从，在退却的人群中也无法站住，更别说前进了。袁军的大势已去。

俗话说，兵败如山倒。袁军陷入危险境地以后，发生了崩溃，其势如山崩地裂。袁绍等人在如此巨大的灾难面前，束手无策，根本不能有所作为。

长子袁谭对袁绍说："父亲，抵挡不住了，您也撤退吧。"

袁绍不肯退，知道一退，等于宣告这场战争输定了，自己的事业输定了。袁谭说："您不走，太危险，要是被曹操抓住，这羞辱您是无法忍受的。"

袁绍一惊，他想，决不能做曹操的俘虏，便悄悄地对身边的袁谭说："换装。"说完，摘下大将军冠，找来一束绢束上头发，扮成一介平民，带上随从、卫队，骑着战马，放弃指挥位置逃走了。

袁绍平时喜欢头上不戴冠，只束一幅巾。东汉末年以来，王公名士喜欢不穿王服，不戴冠，以只束幅巾为雅事，袁绍是这种风气的带头人。现在他兵败，又束起超脱的幅巾来。

袁绍一行来不及返回大营。大营里重要的文件、珍宝等等，都来不及带走。袁绍叹息了一声，说："别的珍宝、文件还好说，曹方大批来信，来不及带走，太可惜了。"

袁绍一行都骑着好马，一路上马不停蹄，疾如秋风，匆匆渡过阴沟水和济水交汇处，直奔北方。下午，来到黄河边上的白马津，急忙找到船只，分批渡黄河。袁绍坐在船中，望着滚滚的黄河水，想起四月南渡黄河时候的情景，那时候意气风发，雄心壮志，如今已是不堪回首，真好像做了一场噩梦。

傍晚，人马登上黄河北岸，来到黎阳地界。清点人数，一共八百骑兵。此外，再没有一名袁军官兵了。全军逃到黄河边上的只有这么一点人，占总人数的百分之一。

袁绍率领八百骑兵，进入驻守在黎阳的将军蒋义渠营中。蒋义渠听说袁绍到来，迎了出去。袁绍握着蒋义渠的手说："我不幸战败，只带出八百骑兵，我到你营中，把首级交付你了。曹操大胜，你愿意邀功，就把我交给曹操吧。"

蒋义渠营是袁军的后方基地，设有渡口、仓库。运到乌巢的上万辆辎重车，事前都经这里编组，再向前线运送。蒋义渠见袁绍突然到来，闹不清出了什么事，听袁绍说出这样的话，大惊失色，随即猜了出来，连忙说："主公，快别这样说，我如何担当得起。主公，没有吃饭吧，先吃饭。"

袁绍一行连惊带吓，疲劳已极，早饭以后一直没吃饭也不觉得饿。经蒋义渠提醒，顿时觉得饥饿难耐，连忙在营中吃了一顿丰盛的饭。饭后，蒋义渠请袁绍住在自己帐中，自己搬到别处办公。

袁绍在帐中，命令蒋义渠派人过黄河，到南岸召集残部，通知到黎阳袁绍临时驻地集合，袁绍暂驻黎阳，等待官渡前线败退的部队的到来。

官渡前线部队失去主帅袁绍以后，群龙无首，各自为战。

ZHONGWAIZHANZHENGCHUANQICONGSHU

边战边退，退出10多里，只见前方横着济水，渡口被曹军先头部队占领，渡船被控制。溃兵无法渡河，沿济水乱窜。侥幸过河的，走不几里，迎面又碰上阴沟水，渡口也被曹军控制。曹军迂回包围，隔断袁军返回黄河的退路。溃兵走投无路，大部分被迫投降，一部分窜过阴沟水，在混乱中遇到蒋义渠的人马，辗转回到黎阳，重新集结。

袁军投降的人数非常多，曹操方面认为是假投降，把他们活埋了。曹操给汉献帝上奏的报告中也说："此战共斩首七万余级"。

人们存有疑问，7万多人奔跑逃散，难道是数千曹军所能够俘虏的？而袁绍的大部队都拱手听从杀戮？

如何解开这个谜？如果按照当地习俗看问题，也许活埋的数字，被曹方大大地夸张了。据记载，东汉末年有一个不成文的习俗，报捷文书一向以一为十。杀敌一百，上报一千；杀敌一万，上报十万。曹操给汉献帝上奏的官渡之战战果报告，属于报捷文书，里面说："共斩首7万余级。"我们理解的时候，应该打一折，也许实际只有"7000余级"罢了。

26. 曹操喜获大批通敌证据，突然看也不看，用火烧之

十月中旬，刮着寒风。大帐中生着一大盆炭火，暖意融融。曹操正在帐中处理战后事宜，忽然听见帐外喧哗，有人喊道："我不是投降的，不是投降的。"士兵推进来一个人，是袁绍的都督沮授。

沮授见了曹操，大喊："曹操，我不是投降的，是叫你们抓住的。"曹操同沮授认识，有交情，看到沮授便迎了过去，说："老朋友，你我所属的方面差别太大，因此断了来往，想不到今天才得到你。"

沮授长长叹息了一声，不堪回首地说："袁冀州决策错误，自取失败。我的智慧和力量也用光了，被俘是理所当然的。"

曹操诚恳地说："你的情况我知道。袁绍无谋，不用你的好计策。丧乱以来，超过了一纪（12 年），天子还没有安定四方，我正需要跟你一起，谋划这个大业。"

沮授摇了摇头，说："我叔父、母亲、弟弟的性命都攥在袁氏手中，如果能托曹公的威灵，让我快点死就是福气了。"

曹操见沮授这么坚决，更加尊重他，也叹了口气，说："我

早一点得到你，平定天下便不值得忧虑了。"

说完，曹操下令，赦免沮授无罪，给予特别优待，让沮授回去，先好好休息。沮授告辞，离开大帐，回去休息了。

处理完沮授，来人报告说，清点俘虏时发现了审配的两个儿子。曹操想，审配主持袁绍后方事务，他的儿子日后或者有用，也下令收容了。

曹操对沮授的期望值很高。后来，沮授策划逃跑，企图偷偷回到袁绍那里，被曹操发现。曹操见不能为自己所用，惋惜地把沮授杀了。这是后话。

再说曹操清点缴获的物品，发现了袁绍几乎全部的辎重、文件和珍宝，袁绍因逃跑匆忙，来不及带走。曹操大为高兴，叫人把文件、地图当重点，好好清点一下，注意炭火，不要让火星子烧了重要文件。又对尚书荀攸说："以我的名义，起草向天子的报捷表章，着重说明战争的正义性，我看后今天发出去。这事你负责。"荀攸领受任务回去了。

荀攸走后，清点人员神秘地来到曹操帐中，要求屏退左右。曹操叫左右退下，来人悄悄报告说："查到一批写给袁绍的信件，是我方许都和军队里的人员写的。私通敌人，事关重大，我们不敢看，特此报告。"

曹操精神大振，急问："有多少？"

来人说："很多。"随即说了数字。

曹操"砰"的一声，猛拍几案，案上茶杯震倒，茶水流了一地。曹操快步地在帐中行走，紧张思考着。来人吓得不敢出气。曹操急匆匆走了两圈，脚步放慢，怒气逐渐散去，脸色转为平和，说："把屏退的人叫回来。"

人们回到帐中。曹操说："清点人员刚才来报告说，在袁绍文件中，发现许都和官渡军中人员写给袁绍的信，为数不少。你们同清点人员一起去，把信件拿来。"

人们张大嘴巴惊呆了，既气愤，又害怕，他们估计内部清洗马上要开始了，不知道哪些人将要掉脑袋。一会儿，信件便拿来了。

曹操见装满一大盒子，暗暗吃惊，却不动声色。有人说："这些是通敌证据。想不到他们吃里爬外，干偷偷摸摸的勾当，这回白纸黑字，照单抓人，一个也跑不了。曹公赶紧瞧瞧，看都是哪些人，叫他们现出原形。"周围的人都紧张地看着曹操。

曹操摆摆手说："不看，我一封都不看。"

人们以为曹操累了，说："既然如此，锁起来，等司空大人精神足了再看。"

曹操在火盆上烤了烤手，说："不，今后休再提这件事。"

人们听了莫名其妙。曹操又说："写信的人不是想通敌，不过是到袁绍那里挂个号，以求自保。袁绍强盛的时候，连我也不能自保，何况他们呢！这样吧，信件在这里当众烧掉，我一封不看，一信不留。你们把我的意见，通过关系向许都和军队里透露出去。"

说完亲自打开盒子，拿出信件，一把一把扔进火盆里，火盆里多了信件，火苗一下蹿得老高，火星乱飞，照亮了整个营帐。前后烧了好一阵子。

信件烧完，曹操松了口气。他深知，自己尽管获胜，但局面仍然不稳定。如果认真追究这件事，牵连必广，甚至有人会铤而走险，那时候将动摇整个局面，就难以收拾了。谅这些人不过是为了自保和投机，今后不会再向着失败的袁绍，何必深究。他暗自庆幸，避免了一次灾难。

ZHONGWAIZHANZHENGCHUANQICONGSHU

这时候荀攸进来，说向献帝的报捷表章起草完毕，给曹操念道：

"大将军邺侯袁绍，曾经伙同冀州牧韩馥，企图拥立原大司马刘虞当皇帝，私刻了皇帝玉玺，派遣原任县县令毕瑜去刘虞那里，向他劝说天命禄位的定数。又，袁绍给我写信透露说：'可以建都鄄城，当有所拥立。'袁绍为此擅自铸造金印、银印，孝廉计吏也都去谒见袁绍。袁绍堂弟、济阴太守袁叙给袁绍写信说：'现在海内丧败，天意确实落在我家。'神灵的回答有了兆头，当在老兄。南兄（指在南方割据的袁术）的臣下想让南兄即位，南兄说：'按年龄则北兄（指在北方割据的袁绍）年长，按地位则北兄更高。想把他的玉玺送到北兄这里来，碰上曹操截断送玺的道路，才未实现。'袁绍宗族世代蒙受天子厚恩，可是凶逆无道，竟到如此地步。所以我马上统率兵马，同他大战官渡。凭着圣朝威望，得以斩袁绍大将淳于琼等八人的首级，大破并击溃袁绍。袁绍同儿子袁谭空身逃走，此战共斩首七万多级，缴获辎重、财物十万。"

曹操听了，点头同意说："袁绍一心想当皇帝，我让他当不成。天下必须统一，谁闹分裂也不行，这是大义。为了实现大义，我即使丧身也值了。"

曹操办完报捷的事，又说："这次战胜袁绍，是大家的功劳。战争期间，已经赏了有功人员，现在还要行赏。将领当中，徐晃升了偏将军以后，又同曹洪战胜滠强贼人祝臂，同史涣在故市拦截了袁绍的运车，功劳不但突出，而且最多，可以封为都亭侯。张郃归顺，是韩信归汉，对瓦解袁军起了很大作用，可以封为亭侯。李典率领宗族和部曲运输谷帛供给前线，可以升为裨将军。把这些请封的事，再写一道奏章，同报捷奏章一道送上。"

不久，曹操派人去许都，把两道奏章呈送天子。

官渡之战最大的功臣是荀彧。荀彧职位高，权力重，曹操没有像对战将那样马上行赏。七年以后，曹操把荀彧官渡之战和别的功劳加在一起，向天子请功。曹操说："过去袁绍叛逆，集结军队于官渡。当时我军兵少粮缺，企图退守许都。尚书令荀彧深刻阐明应该坚守官渡的理由，富有远见地提出反攻的方略，启发了我，改变了我的愚蠢见解，坚守官渡，摧毁了袁绍的辎重，这才击败强敌，转危为安。"

曹操评价说，荀彧的计策"从危亡转变为生存，从灾祸转变为幸福。他谋略特殊，功劳非凡，是我比不上的"。

又说："但是海内不了解荀彧的贡献，荀彧的封赏同功劳不相称。我为他感到惋惜，请求重新加以审议。"

在曹操的要求下，荀彧的食邑增加了一千户。

曹操的功臣受重赏，袁绍的功臣就没有这么幸运了。

袁绍的别驾田丰，是袁绍的功臣，博览多识，为人耿直，遭到许多人的嫉恨。袁绍另一位谋臣逢纪，畏惧田丰的诚实正直，屡次向袁绍进谗言。袁绍耳朵里灌多了，也嫉恨田丰。

田丰劝阻袁绍不要南征，被袁绍投入大狱。袁绍战败，证明田丰反对出兵是正确的。

袁军土崩瓦解，士兵争相奔逃，军队差不多被消灭光了。将士见到这惨景，一个个拍打着胸口，低声哭泣说："要是让田丰在这里，绝不至于落到这般田地。"

袁绍在黎阳收集残部的时候，对逢纪说："冀州那些人听说我军战败，都惦念我。从前只有田丰劝谏制止我，与众不同，我见到他也会感到惭愧的。"

ZHONGWAIZHANZHENGCHUANQICONGSHU

逢纪赶紧进谗言，说："邺城来人说，田丰听说将军败退，觉得让他说中了，拍手大笑，十分高兴。"袁绍于是产生了害田丰的念头。

在邺城，有人向狱中的田丰道喜，笑声朗朗地说："您这回一定被看重。"

田丰沉重地摇了摇头，说："袁公这人，表面宽厚，内心忌妒，不体谅我的忠心。我屡次用最重的话跟他唱反调。如果袁公胜利，他高兴，一定能赦免我。如果战败，他会生怨气，内心的忌妒就要发作。现在既然战败了，我没再抱生的希望。"

袁绍率残部回到邺城，感到没脸见田丰，羞愧地说："我不采用田丰的意见，果然遭到他的耻笑。"突然两眼冒火，一不做二不休，下令把田丰杀了。

田丰是远近闻名的人，曹操很了解他。战争初期，特地打听田丰的动静，听说他没有跟着袁绍来官渡，纵声大笑地说："袁绍一定要败了。"后来袁绍战败逃跑，曹操又心有余悸地说："假如袁绍采用田丰的计策，结果还很难说啊！"

官渡战后三百年，北魏郦道元撰写了《水经注》。据书中记载，那时候中牟台以北袁军的土山还在，土山东边，都是袁绍旧时的营垒，遗址并存。渠水（官渡一段又叫官渡水）又东流，经过田丰祠的北面。原来，当时人们赞赏田丰的谋略，同情他无辜遭到杀害，特地选官渡袁军营垒旧址附近、官渡水畔，给他立祠，以纪念这位悲剧人物，这也无声地揭示了袁绍惨败的原因。

27. 揭开官渡之战以弱胜强的神秘面纱

公元200年,即建安五年,很值得纪念。中国历史上奔腾的海洋里,这一年激起了一个大浪花,这个浪花就是官渡大决战。

这个浪花在太阳的光芒下,呈现千姿百态。

历史学家从中看到大乱将走向统一。

在这以前,中国大乱。名豪大侠,强宗大族,像云那样飘扬集结,不惜万里出兵。大的联结郡和王国,中等的据守城邑,小的聚集在田间地头,彼此吞灭,北方进入群雄混战的局面。百姓死亡,白骨遍地暴露,犹如草丛。曹操吟诗感叹道:"铁甲里长了虱子,万家已经死亡。白骨暴露在田野,千里听不到鸡叫。老百姓百里剩一,想起来痛断人肠。"

浪花过后,海洋稍稍地平静了,人们能够对中国北方神秘莫测的形势看得清楚一些。在北方,由于分出袁、曹两大集团的高下,没有任何割据者能够同曹操匹敌,预示着中国北方的大乱有望结束,人民有望获得安定。

军事家从浪花中,看到另一种色彩:弱者能够战胜强者。

一般来说,战争是强者的舞台。强胜弱,多胜少,大胜小,这是规律。至今,西方大国有的军事家依仗强大的军事实力,

ZHONGWAIZHANZHENGCHUANQICONGSHU

坚信强者将是未来战争中绝对的胜利者。

然而，事物是复杂的。一般战争和特殊战争，其战争规律和战争指导规律都各有其特点。运用之妙，在于抓住特点，略胜一筹。因此，有时候，弱者反而战胜了强者。西方有的军事家听说以弱胜强，便嗤之以鼻，看做天方夜谭。他们只了解通常的道理，却不明白此中另有奥妙。

看了这个浪花，就知道以弱胜强也是可能的。两军准备多年以后决战，一方以十分之一兵力的绝对劣势，力克强敌，获得胜利。这是真的吗？看了本书以后，大家都知道是真的。

官渡大决战，以弱胜强，创造了战争奇迹。

这次战争，从建安五年二月开始，到十一月结束，历时九个月，是在中国北方平原上依托城防工程体系进行坚固的阵地防御战，是中国历史上著名的以弱胜强的战例。

这次战争中，战场兵力不足 1 万的军队，打败了 10 万步兵和 1 万骑兵；大铠只有 20 领、马铠不足 10 具的军队，打败了铠甲万领、马铠 300 具的军队；粮食非常紧张的军队，打败了粮食相对充裕的军队。

真是不可思议！多么难以理解！人们不禁要问：为什么会是这样？难道是神秘的力量在起作用？

有人确实这么认为的。陈寿《三国志》中总结官渡之战说："当初，汉桓帝时候，在楚、宋分界处的上空出现一颗黄星。辽东郡人殷馗精通天文，预言 50 年以后会有真命天子兴起于梁、沛之间，他的锋芒锐不可当。到这时候（官渡之战结束）恰好五十年，曹操打败了袁绍，天下再也没有人敌得过他了。"

这就是说，汉桓帝初年，有黄星即土星出现在曹操家乡的上空。精于天象的殷馗随即作出解读，预言此处 50 年后，会有

"真命天子"兴起。果然不久，曹操在此降生。从黄星在该处上空出现算起，到官渡之战结束恰好50年，曹操打败袁绍，无敌天下。这个事实，印证了殷馗的解读：曹操果然是"真命天子"。他打败了袁绍是命中注定。上天50年前，不是已经作出了这样的预示吗？

原来，曹操官渡以弱胜强是天意如此，是人们不能左右的神秘力量在起作用。至今那些算命的、讲风水的，不是还说万事冥冥中自有天定吗？

这种认识是正确的吗？不，是完全错误的。

人们感到神秘，是因为对于支配事物发展的法则，还一无所知。但是，对于官渡大决战以弱胜强的原因，不论当时，还是现在，军事家们其实都获得了比较正确的认识。

曹操官渡之战以弱胜强，不是天意，是"人"意造成的。

从公元190年以来，11年的战乱，造成百姓极大的苦难，民意不愿意分裂，渴望统一。曹操挟天子以令诸侯，具有坚持统一，反对分裂，以顺讨逆的优势，符合人民的愿望，从而得道多助，不战安定关中，争取到张绣归附，在极端困难的条件下队伍不散、政权不垮。

曹操的根据地是战乱重灾区，经济比袁绍困难得多，但是曹操扶植自耕农，大力屯田，发展农业生产，安定了社会生活，使包括关中在内的人民得到实惠，逐渐支持曹操。曹操从屯田获得稳定的粮食来源，缓解了军粮供需矛盾，加上征收赋役，为保障战争胜利奠定了经济基础。

曹操建立了一支数量虽然少、战斗力却很强的军队。连袁绍方面也承认，袁军勇猛果敢不如曹兵。

曹操具备了上述必要的政治、经济、军事条件，以弱胜强有了基础，把有可能变为现实，但是还要看战争的发展情况。这方面，曹操大大高出袁绍一筹。

曹操在战争爆发前两年，确立"以智取胜"的积极防御方针。从最坏的可能设想，早着手，早准备，大大改善了战略环境。重视阵地条件，预先选好建好官渡战场。在大战前夕敢于冒险东征刘备，挫败刘备在袁、曹战争中率领几万新兵偷袭许都，动摇曹操根本的诡计，避免了在官渡之战中陷入两面作战。曹操战争准备做得好。

当袁绍来攻的时候，作为劣势军队，曹操采取战略防御，但在战术上，却实行进攻战，连得白马、延津大捷，取得从容退却的主动权，然后先退一步，保存了兵力。随后，在预定的官渡战场上，扼住袁军咽喉，使其不得前进，逐渐陷入军队疲劳、弱点暴露、进攻势头衰竭的困境，引导全战进入转折关头。在此关头，出现反攻的曙光，而曹军也似乎挺不住了，能不能再坚持一下，最见功力了，这时候稍有动摇后退，必被袁绍大军所乘，一败涂地；坚持下去，则抓住了反攻的绝好时机。曹操听从荀彧的劝告，放弃退守许都的错误企图，咬紧牙关，绝不示弱，正确把握了全战指导中最吃力的地方。然后抓住这一胜败转折的关键时刻，展开反攻，以破坏袁军要害的军粮为突破口。在乌巢战斗中，置背后袁绍援军于不顾，坚决集中主要兵力，一鼓作气攻下乌巢，并诱发袁绍军心动摇和张郃投降，收到瓦解袁绍全军的奇效。曹操战略防御做得好，适时转入战略反攻，夺取了胜利。

曹操的个人智慧十分出色，但仍不足以应付如此复杂的战争，更何况出现过错误和危险，如：放弃官渡退守许都。幸好，他那出色的指挥作风，弥补了缺陷。他从善如流，善于听取和吸收部属的正确意见，明智、虚怀若谷地采纳荀攸佯攻延津、荀彧坚持危局等建议，深信许攸袭击乌巢的奇策，策得即行，应变无穷。后来，吴国建武中郎将胡综赞扬说："从前许子远舍弃袁氏，投靠曹氏，他为曹氏出谋划策、分析利害关系，都被采纳接受，终于打败袁氏军队，从而奠定曹氏基业。假如曹氏不相信许子远，怀有疑心，犹豫不决，不能在心里拿定主意，那么现在的天下就归袁氏所有。"

曹操具备了必要的政治、经济、军事等物质条件，又在战争指导上殚精竭虑，远远胜过袁绍，因此以弱军战胜了强军。

袁绍的失败从反面说明了这个问题。袁绍的战争物质基础优于曹操，但是在战争指导上屡犯错误。

袁绍以绝对优势兵力，遭到惨败，一方面是政治、经济政策失当，纵容豪强恣意横行，亲戚兼并土地，造成百姓贫弱，引起人民反对。另一方面是作战指导失误太多。袁绍战前准备不如曹操充分，在战前曹操东征刘备、侧后暴露时，未能偷袭许都，陷曹操于两面作战，是极大的失策。在官渡之战的部署上，未能出奇兵袭击许都，迎取献帝，反而使用 10 万大军于一个方向，一线平推，被阻遏在曹军预设的官渡战场上，使得大军在济水与官渡水之间的狭窄地域上无法展开，陷优势兵力于难以发挥作用的境地。在战局关键时刻，对军粮的重要性认识不足，事前否定派蒋奇防守乌巢翼侧的建议，事后又不以强大兵力去增援，关键时刻处置失当。袁绍集团内部矛盾重重，争权夺利。袁绍为人，外宽内忌，治军宽缓，法令不立，作战指挥上不懂兵力。对于沮授、田丰、许攸等的正确建议，不知采纳，多端寡要，好谋无决，拒谏饰非，刚愎自用，怎能不败？

袁绍硬件上再好，但软件上却一塌糊涂，终于败给了曹操。

官渡大战以弱军战胜强军而结束，是诸葛亮说的"人谋"较量的结果，是"人意"，并不是天意。

以弱胜强是战争展示出来的另一个侧面，这就是军事家从官渡大战这个浪花中看到的另一种迷人色彩。

官渡大决战过去了很久，但这个惊心动魄的故事却长久地留在人间，供后人评说。

ZHONGWAIZHANZHENGCHUANQICONGSHU

尾 声

ZHONGWAIZHANZHENGCHUANQICONGSHU

《三国志》中对袁绍、郭图、许攸等人的归宿，都有记载。

官渡大决战后，袁绍集团士气不振，处在失败情绪的笼罩下。袁绍由于不听田丰劝谏而失败，内心很惭愧，又感到自己无论从门第家世还是实力，都远远超过曹操，曹操在他的庇护下成长，现在居然把他打败，因此极为恼怒。

历史上的许多大人物没能渡过这场战争失败后的岁月。战争失败了，他们的生命也走到了尽头。

袁绍也未能逃过失败这一劫。他官渡大决战失败后便得了病，拖到建安七年（202年）五月，病情越发的重了，发展到吐血，医治无效去世了。他死时离官渡之战不到两年。

袁绍一死，他的家庭马上演出一场惨剧。

他的正妻刘氏，性情极端妒忌，对袁绍的5位宠妾醋意极浓。袁绍死后，刘氏大权在握，立马把5位宠妾一个不留，全杀了。为了防止宠妾们黄泉路上见到袁绍，还把她们的头发剃光，脸上涂上墨，彻底毁掉容貌，好叫袁绍在阴间也认不出来。甚至叫儿子袁尚把5位宠妾家里的人杀个精光，不留后患。刘氏雷厉风行地做完这一切时，袁绍的尸体还停放在那里没有殡葬。

袁绍死后，他的事业也走向彻底失败。

按说，官渡大决战后，袁绍集团还拥有很大实力，足以同曹操长期对抗。但是，袁绍死了，3个儿子袁谭、袁熙、袁尚争位，大臣分派，内斗不息。长子袁谭联合曹操，去打小弟袁尚。曹操乘机攻陷袁氏老巢邺城。

在邺城，曹操来到老朋友袁绍墓前，亲自祭奠，痛哭流涕，慰劳袁绍的妻子，发还他们的家人和宝物，赐给各种丝绸、丝绵，并由官府供给袁家粮食，表现出对对手的尊重。

祭奠回来，部下回禀，拿住了写檄文骂曹操的陈琳。曹操叫带进来。陈琳进来，向曹操行了礼，说："愿意归顺。"

曹操说："陈琳，你过去给袁绍作檄文，形势所迫，我不怪你。不过只可以声讨我本人而已。《公羊传》中说，君子'恶恶止其身'。君子憎恨坏事情，只限于恨做坏事的本人，为什么往上牵扯到我父亲祖父，一起骂得狗血淋头呢？"

陈琳慌忙谢罪，连说："该死，该死。"

曹操说："你的文章很漂亮，我很欣赏，不追究你了，好好效力吧。"

陈琳退出以后，曹操下令免收黄河以北当年的租赋，改革袁氏弊政，百姓都很喜悦。于是曹操兼任冀州牧，以邺城为根据地，让还兖州牧。

建安十年（205年）正月，曹操攻陷南皮，杀了袁谭和郭图。在官渡大决战中，郭图私心极重，排挤沮授、张郃，对失败负有重大责任。袁绍死后，又参与内斗。官渡之战五年后，终于落入曹操之手被杀。

建安十二年（207年），割据辽东的太守公孙康捕杀陷入穷途末路，前往投靠的袁尚、袁熙。他派人快马南下，把袁尚和袁熙的首级献给了曹操。

至此，袁绍集团全部覆灭。这时离袁绍之死不过五年光景。

曹操是官渡之战最大的受益人。随着自身的强大，忌妒的毛病逐渐显露出来。凡是他不能忍受的人，例如鲁国孔融、南阳许攸、娄圭，都因为依仗是曹操的旧臣故交，对曹操不尊敬，最后被杀。

曹操身边的聪明人早就察觉到曹操这个毛病，很注意保护自己，这个人就是荀攸。荀攸深沉机密，有足够的智慧防身。他跟随曹操南征北战，经常参与战略谋划，当时没人知道他说了些什么。曹操每每称赞他说："公达外表愚钝，内里机智，外表怯懦，内里勇敢，外表文弱，内里刚强，不夸耀优点，不夸耀功劳。他的机智可以企及，他的愚钝是无法企及的，即使颜子、宁武子这样的古圣贤，也不能超过他。"

荀攸随从曹操征孙权，半路去世。这以后，提到荀攸，曹操就流泪。

荀攸前后出过12条奇策。曹操死后，只有钟繇知情。钟繇收集这些奇策，打算写出来，不幸还来不及完成，就去世了。从这以后，世上的人对荀攸的奇策了解得不是很全面了。

许攸同荀攸相反，未免自恃官渡之战有功，洋洋自得，张狂自大，尾巴翘得老高。许攸经常同曹操开玩笑，每每在宴席当中，不能约束自己，甚至当众叫曹操的小名，说："阿瞒，你如果不是得到我，别想得到冀州。"

曹操笑着说："许攸说得很对。"内心却很讨厌他。

有一次，许攸随从曹操，出邺城东门，指着曹操，对左右的人说："这个人如果不是得到了我，不可能进出这个门。"

有人把这件事告发了，曹操再也忍不住，下令逮捕许攸，

ZHONGWAIZHANZHENGCHUANQICONGSHU

编了个罪名把他杀了。

　　许攸为曹操立了大功，不料栽在大功上，大概是许攸始料不及的吧！